AF275087

COLEX

GRACIAS POR CONFIAR EN COLEX

Disfrute gratuitamente **DURANTE UN AÑO** de los eBook, audiolibros y Colex Copilot de las obras de Editorial Colex*

ACTIVA TU CÓDIGO PARA ACCEDER A LOS SERVICIOS

1. Accede a **www.colex.es**.

2. Inicia sesión o regístrate como usuario.

3. Dirígete al menú de usuario y haz clic en **«Mis códigos»**.

4. Introduce el siguiente código **(RASCA PARA VER EL CÓDIGO)**:

♦ Una vez se valide el código, aparecerá una ventana de confirmación y su eBook / audiolibro / Colex copilot estarán activos **durante 1 año desde su activación** en la pestaña «Mis libros» en el menú de usuario.

---

* Los audiolibros están disponibles en las ediciones más recientes de nuestras obras. Se excluyen expresamente las colecciones «Códigos comentados», «Biblioteca digital» y los productos de www.vademecumlegal.es. Colex Copilot únicamente está disponible en las ediciones más recientes de las colecciones «Paso a paso» y «Vademecum».

No se admitirá la devolución si el código promocional ha sido manipulado y/o utilizado.

¡Gracias por confiar en nosotros!

La obra que acaba de adquirir incluye de forma gratuita la versión electrónica.

Acceda a nuestra página web para aprovechar todas las funcionalidades de las que dispone en nuestro lector.

Funcionalidades eBook

Acceso desde cualquier dispositivo con conexión a internet

Idéntica visualización a la edición de papel

Navegación intuitiva

Tamaño del texto adaptable

Síguenos en:

NUEVA FUNCIONALIDAD CON INTELIGENCIA ARTIFICIAL EN LOS LIBROS DE COLEX

| Una cortesía de Iberley.es |

En Colex damos un paso más en innovación jurídica. Desde ahora, las guías «Paso a paso» y los «Vademecum» incorporan una nueva funcionalidad basada en **inteligencia artificial**, gracias a la tecnología de **Iberley IA**.

El lector podrá interactuar directamente con el contenido del libro de forma inmediata, útil y centrada exclusivamente en su materia.

☑ **¿Qué puede hacer el usuario en el libro?**

💬 Realizar preguntas sobre el contenido del libro.

📚 Solicitar explicaciones de artículos, conceptos o normativa.

☀ Utilizar un ChatBot inteligente, contextualizado y acoplado al contenido legal del libro.

💡 Resolver dudas puntuales mientras se estudia o trabaja con la obra.

☒ **¿Qué no puede hacer esta versión del ChatBot?**

✗ No permite generar escritos jurídicos.

✗ No analiza ni responde documentos externos.

✗ No responde a consultas de otras materias distintas a la del libro.

Esta herramienta está pensada para enriquecer la experiencia de lectura y consulta del libro. Su uso es exclusivo sobre su contenido.

¿QUIERES IR MÁS ALLÁ? DESCUBRE IBERLEY IA

Si necesitas una **solución avanzada de inteligencia legal**, con cobertura total de materias y documentos, entra en **www.iberley.es** y accede a todas las funcionalidades profesionales:

CUADRO SIMBÓLICO DE FUNCIONALIDADES		
Funcionalidad	**En los libros Colex**	**En Iberley.es**
Preguntar sobre el contenido del libro	✓	✓
Solicitar explicaciones jurídicas	✓	✓
ChatBot integrado al contenido del libro	✓	✓
Consultas sobre otras materias	✗	✓
Análisis de documentos externos	✗	✓
Generación de escritos jurídicos	✗	✓
Traducción jurídica	✗	✓
Informes y resúmenes legales automáticos	✗	✓
Contratos, guías prácticas y emails para clientes	✗	✓
Estrategias judiciales y jurisprudencia instantánea	✗	✓

LAS EXENCIONES PARA EVITAR LA DOBLE IMPOSICIÓN EN EL IMPUESTO SOBRE SOCIEDADES

Cómo aplicar con éxito las exenciones del
art. 21 de la LIS por dividendos y rentas derivadas
de la transmisión de acciones o participaciones

LAS EXENCIONES PARA EVITAR LA DOBLE IMPOSICIÓN EN EL IMPUESTO SOBRE SOCIEDADES

Cómo aplicar con éxito las exenciones del
art. 21 de la LIS por dividendos y rentas derivadas
de la transmisión de acciones o participaciones

EDICIÓN 2025

**Obra realizada por el Departamento de
Documentación de Iberley**

COLEX 2025

© Editorial Colex, S.L.
Calle Costa Rica, número 5, 3º B (local comercial)
A Coruña, C.P. 15004
info@colex.es
www.colex.es

I.S.B.N.: 979-13-7011-401-5
Depósito legal: C 1642-2025

SUMARIO

1. INTRODUCCIÓN 11

2. LAS EXENCIONES DEL ART. 21 DE LA LIS PARA EVITAR LA DOBLE IMPOSICIÓN SOBRE DIVIDENDOS Y RENTAS DERIVADAS DE LA TRANSMISIÓN DE VALORES 13

   2.1. Exención sobre dividendos o participaciones en beneficios de entidades residentes y no residentes en territorio español 17

      2.1.1. Requisitos de aplicación 19

      2.1.2. Exclusiones 32

      2.1.3. Importe que puede acceder a la exención 34

   2.2. Exención sobre la renta obtenida en la transmisión de valores de entidades residentes y no residentes en territorio español. 38

      2.2.1. Requisitos de aplicación 39

      2.2.2. Supuestos de exención parcial 43

      2.2.3. Especialidades aplicables cuando la participación se hubiera valorado conforme al régimen FEAC 44

      2.2.4. Exclusiones 47

      2.2.5. Importe que puede acceder a la exención 50

      2.2.6. Tratamiento de las rentas negativas 51

   2.3. Exención del art. 21.3 de la LIS sobre la renta obtenida en supuestos distintos de transmisiones de valores 54

      2.3.1. Requisitos de aplicación y régimen de la exención 54

      2.3.2. Tratamiento de las rentas negativas por extinción de la participada. 57

   2.4. ¿Existen exenciones similares a las del art. 21 de la LIS en el IRPF para socios personas físicas? 62

3. REFERENCIA A LA EXENCIÓN DE LAS RENTAS OBTENIDAS EN EL EXTRANJERO A TRAVÉS DE UN ESTABLECIMIENTO PERMANENTE 73

ANEXO. CASOS PRÁCTICOS

Caso práctico | Exención en IS para evitar la doble imposición interna en el reparto de dividendos si la participada es residente...... 81

Caso práctico | Período mínimo de tenencia de la participación para la exención en IS por dividendos si se aplicó el régimen FEAC 85

Caso práctico | Requisito de participación indirecta en filiales de segundo nivel para la exención en IS por dividendos si existe grupo y se presentan cuentas anuales consolidadas 89

Caso práctico | Exención en el IS para evitar la doble imposición por dividendos cobrados de sociedad residente en país con el que España tenga CDI (México) 93

Caso práctico | Exención en IS por cobro de dividendos con participación inferior al 5 % adquirida antes de 2021 por valor superior a 20 millones de euros............................. 97

Caso práctico | ¿Cabe la exención en IS para evitar la doble imposición por la retribución de un préstamo participativo entre sociedades del grupo? 101

Caso práctico | Retenciones en el IS en caso de reparto de dividendos y exención para evitar la doble imposición 103

Caso práctico | Venta de acciones adquiridas antes de 2021 por más de 20 millones de euros y exención por doble imposición en IS 105

Caso práctico | ¿Cabe la exención en IS de la ganancia por venta de acciones si se poseían desde hacía menos de un año? 109

Caso práctico | Tributación efectiva en el IS de la plusvalía por venta de participaciones en otra entidad aplicando la exención del art. 21.3 de la LIS 113

Caso práctico | Exención en IS de la plusvalía generada por venta de participaciones que habían sido adquiridas a través de un canje de valores 115

Caso práctico | Exención de la plusvalía por venta de participaciones en el IS cuando la participada tenga la consideración de entidad patrimonial....................................... 117

Caso práctico | Tratamiento en IS de la renta negativa obtenida por una sociedad al transmitir su participación en otra entidad 121

Caso práctico | Extinción de dos filiales con pérdidas, ¿la sociedad matriz puede deducirse esas pérdidas en el IS? 125

1.
INTRODUCCIÓN

Aproximación a las exenciones en el IS para evitar la doble imposición de dividendos y plusvalías por transmisión de valores, su finalidad e importancia

Las exenciones para evitar la doble imposición de dividendos y rentas derivadas de la transmisión de valores representativos de los fondos propios de entidades, que actualmente se regulan en el artículo 21 de la LIS, no constituyen un auténtico beneficio fiscal, sino más bien una herramienta de técnica legislativa. En el fondo, su objetivo no es otro que evitar o corregir la doble imposición jurídica y/o económica puede producirse con respecto a este tipo de rentas. Por ejemplo:

- En el caso de los dividendos, existiría una doble imposición en el caso de que los mismos se graven en sede de la sociedad matriz que los percibe cuando el beneficio del que proceden ya había sido gravado en sede de la filial, bien a nivel interno (si es residente en territorio español) o a nivel internacional (en caso de residir en otro país).

- Tratándose de rentas o plusvalías derivadas de la transmisión de acciones o participaciones en una sociedad ocurriría un poco lo mismo, pues tales rentas serán fruto de la evolución del patrimonio de la sociedad participada, que dependerá de los beneficios obtenidos y no distribuidos; unos beneficios por los que también se habrá satisfecho el correspondiente impuesto en su día.

> **A TENER EN CUENTA.** La doble imposición jurídica tiene lugar cuando un mismo contribuyente es gravado por la misma renta por impuestos similares o en dos Estados, mientras que la doble imposición económica se produciría en los supuestos en los que la misma renta se somete a tributación en sujetos pasivos diferentes (por ejemplo, en manos del generador de la renta y en manos de quien la percibe).

Las situaciones de doble imposición generan una carga tributaria excesiva para los contribuyentes y afectan negativamente a la competitividad y a la internacionalización de las empresas, llegando a desincentivar la inversión. Por ese motivo, la normativa fiscal arbitra diferentes mecanismos para evitarla o mitigarla, tanto a nivel internacional o europeo (a través de la firma de tratados internacionales —los Convenios de Doble Imposición o CDI—) como a nivel interno (dentro de cada país). En general, suelen utilizarse dos tipos de técnicas para combatir la doble imposición:

- El método de imputación, en el que las rentas obtenidas y ya gravadas por otro impuesto se integran en la base imponible de la entidad que las recibe, pero deduciendo determinado importe de su cuota íntegra (por ejemplo, el impuesto efectivamente satisfecho en otro país).

- El método de exención, donde la renta no se integra en la base imponible del contribuyente, no se grava (aunque en algunos casos sí puede tenerse en cuenta a la hora de fijar el tipo impositivo si es progresivo).

En la normativa interna española, una de las medidas clave para evitar la doble imposición se recoge en el artículo 21 de la LIS, que regula la exención sobre dividendos y rentas derivadas de la transmisión de valores representativos de los fondos propios de entidades residentes y no residentes en territorio español. Se trata de un precepto complejo y extenso, que aglutina diferentes supuestos de exención (dividendos, plusvalías por transmisión de acciones o participaciones, rentas por liquidación de la entidad y otras operaciones societarias) y clarifica el tratamiento de las eventuales rentas negativas que pudieran generarse. Su aplicación se condiciona a una serie de requisitos y se somete a limitaciones, que generan no pocas dudas a los contribuyentes. Por ese motivo, **a través de esta obra nos centraremos en el estudio de las exenciones reguladas en dicho precepto e iremos desgranando una a una las claves para aplicarlas con éxito.** También haremos una **breve referencia a la exención de las rentas obtenidas en el extranjero a través de establecimiento permanente,** prevista en el artículo 22 de la LIS. Sin embargo, no entraremos en las deducciones para evitar la doble imposición internacional, de los artículos 31 y 32 de la LIS, más allá de las menciones tangenciales que realicemos al abordar las exenciones indicadas, fundamentalmente con respecto a la compatibilidad o incompatibilidad de ambos regímenes.

2.
LAS EXENCIONES DEL ART. 21 DE LA LIS PARA EVITAR LA DOBLE IMPOSICIÓN SOBRE DIVIDENDOS Y RENTAS DERIVADAS DE LA TRANSMISIÓN DE VALORES

El actual régimen general de exención para evitar la doble imposición de dividendos y plusvalías por transmisión de valores

La actual **Ley 27/2014, de 27 de noviembre, del Impuesto sobre Sociedades** (en adelante, LIS), modificó el tratamiento en el impuesto de la doble imposición con respecto a los dividendos y las rentas generadas por la transmisión de acciones o participaciones en entidades, regulando un **régimen general de exención en su artículo 21, aplicable tanto en el ámbito interno como en el internacional.** Y es que, no en vano, el anterior sistema de eliminación de la doble imposición previsto en el Real Decreto Legislativo 4/2004, de 5 de marzo (TRLIS), se había considerado discriminatorio desde instancias europeas.

Como decimos, **en el previo TRLIS el sistema para eliminar la doble imposición sobre este tipo de rentas era doble** y dependía de la residencia de la entidad participada:

- Se regulaba una exención para evitar la doble imposición económica internacional sobre dividendos y rentas de fuente extranjera derivadas de la transmisión de valores representativos de los fondos propios de entidades no residentes en territorio español (artículo 21 del TRLIS). Su funcionamiento era semejante al que a día de hoy establece el artículo 21 de la LIS. La exención no se aplicaba a las rentas de fuente extranjera que la entidad integrase en su base imponible y en relación con las cuales optase por aplicar, de ser procedente, la deducción para evitar la doble imposición internacional establecida en los artículos 31 o 32 del TRLIS.

- Por otro lado, se establecía una deducción para evitar la doble imposición interna con respecto a los dividendos y plusvalías de fuente interna, esto es, procedentes de entidades residentes en España (artículo 30 del TRLIS). Esta deducción podía ser del 100 % o del 50 % de la cuota íntegra que correspondiera a la base imponible derivada de dichos dividendos o participaciones en beneficios, según los casos.

Bajo el régimen de la anterior Ley del impuesto, por lo tanto, se regulaba una deducción para evitar la doble imposición de los dividendos y plusvalías por transmisión de acciones o participaciones en entidades residentes en territorio español, y una exención para el supuesto en el que la participada fuera no residente. Lo cual, puesto en relación con la deducción para evitar la doble imposición económica internacional de los dividendos y participaciones en beneficios del entonces vigente artículo 32 del TRLIS, suponía una **discriminación para las inversiones en sociedades no residentes**: Así lo expresaba, por ejemplo, el Tribunal Supremo en su sentencia n.º 268/2017, de 16 de febrero, ECLI:ES:TS:2017:572 [y también en su posterior sentencia n.º 1170/2020, de 17 de septiembre, ECLI:ES:TS:2020:2865]:

> «(...) hay que reconocer que nuestro régimen de deducción difería si los dividendos provenían de una entidad residente en España o, por el contrario, se percibían de una entidad no residente en territorio español, pues en el primer caso, la deducción era del 50 % o el 100% según la participación en la entidad de la que se percibían los dividendos, de la cuota integra correspondiente a la base imponible derivada de los dividendos; y en el segundo, la deducción alcanzaba al impuesto efectivamente pagado.
>
> Así las cosas, **en el supuesto de deducción por doble imposición interna, art. 30 del Real Decreto Legislativo 4/2004 , cuando la entidad perceptora de los dividendos participaba al 5% o mayor porcentaje en el capital de la entidad de la que se obtuvieron, de facto se aplicaba un régimen de exención, al ser la deducción del 100% de la cuota integra**. En cambio, **en el caso de deducción por doble imposición internacional, art. 32, se seguía un régimen de imputación en la entidad que percibía el dividendo cuando ostentaba esa misma participación en el capital de la entidad que los distribuía, con la consecuencia de que en este caso el beneficio fiscal dependía del tipo efectivo del gravamen**, no del nominal, excluyendo, con ello, de la deducción las bonificaciones, desgravaciones y ventajas fiscales de que hubiese disfrutado la entidad generadora del beneficio que daba origen a los dividendos distribuidos, efecto éste que no se producía en el supuesto del art. 30.
>
> Esta situación determinó que la Comisión Europea denunciase el trato fiscal discriminatorio que se aplicaba a las inversiones en sociedades no residentes, lo que se corrigió en la reforma fiscal operada en el Impuesto sobre Sociedades por la Ley 27/2014, que vino a equiparar el tratamiento fiscal de participaciones de entidades residentes y no residentes».

Como consecuencia de ello, la LIS de 2014 unificó el tratamiento de la doble imposición a través de un sistema general de exención para participaciones significativas, paralelo al régimen antes existente para el caso de participaciones en entidades no residentes. El cambio se justificaba del siguiente modo en su preámbulo (apartado III.2):

> «2. Uno de los aspectos más novedosos de esta Ley es el tratamiento de la doble imposición. Tras el dictamen motivado de la Comisión Europea n.º 2010/4111, relativo al tratamiento fiscal de los dividendos, resulta completamente necesaria una revisión del mecanismo de la eliminación de la doble imposición recogida en el Impuesto sobre Sociedades, con dos objetivos fundamentales: (i) equiparar el tratamiento de las rentas derivadas de participaciones en entidades residentes y no residentes, tanto en materia de dividendos como de transmisión de las mismas, y (ii) establecer un régimen de exención general en el ámbito de las participaciones significativas en entidades residentes.
>
> La presente Ley incorpora un **régimen de exención general para participaciones significativas, aplicable tanto en el ámbito interno como internacional**, eliminando en este segundo ámbito el requisito relativo a la realización de actividad económica, si bien se incorpora un requisito de tributación mínima que se establece en el 10 por ciento de tipo nominal, entendiéndose cumplido este requisito en el supuesto de países con los que se haya suscrito un Convenio para evitar la doble imposición internacional.
>
> Este nuevo mecanismo de exención constituye un mecanismo de indudable relevancia para favorecer la competitividad y la internacionalización de las empresas españolas. Asimismo, el régimen de exención en el tratamiento de las plusvalías de origen interno simplifica considerablemente la situación previa, que incluía un complejo mecanismo para garantizar la eliminación de la doble imposición. Este tratamiento de las rentas derivadas de la tenencia de participaciones se complementa con una importante reforma del régimen de transparencia fiscal internacional, reestructurándose todo el tratamiento de la doble imposición con un conjunto normativo cuyo principal objetivo es atraer a territorio español la tributación de aquellas rentas pasivas, en su mayoría, que se localizan fuera del territorio español con una finalidad eminentemente fiscal.
>
> (...)».

Así las cosas, **a día de hoy, el artículo 21 de la LIS regula la exención sobre dividendos y rentas derivadas de la transmisión de valores representativos de los fondos propios de entidades residentes y no residentes en territorio español**, que a su vez aglutina tres supuestos diferentes:

- La exención sobre dividendos o participaciones en beneficios de entidades residentes y no residentes en territorio español (apartado 1 del precepto).

- La exención sobre la renta obtenida en la transmisión de valores de entidades residentes y no residentes en territorio español (apartado 3 del precepto).

- La exención del artículo 21.3 de la LIS sobre la renta obtenida en supuestos distintos de transmisiones de valores, como podrían los de liquidación de la entidad o separación del socio.

En los siguientes apartados del índice profundizaremos sobre los requisitos y particularidades de aplicación de cada una de estas exenciones. Asimismo, en un último epígrafe también haremos una breve referencia a la exención de las rentas obtenidas en el extranjero a través de un establecimiento permanente, prevista en el artículo 22 de la LIS.

CUESTIÓN

¿Qué suponen las deducciones para evitar la doble imposición internacional que actualmente regulan los artículos 31 y 32 de la LIS?

De forma resumida, puede decirse lo siguiente:

– A día de hoy, el artículo 31 de la LIS regula la **deducción para evitar la doble imposición jurídica con respecto al impuesto soportado por el contribuyente**. Conforme a ella, cuando en la base imponible del contribuyente se integren rentas positivas obtenidas y gravadas en el extranjero, se deducirá de la cuota íntegra la menor de las dos cantidades siguientes: el importe efectivo de lo satisfecho en el extranjero por razón del gravamen de naturaleza idéntica o análoga al IS español (pero no se deducirán los impuestos no pagados en virtud de exención, bonificación o cualquier otro beneficio fiscal) o el importe de la cuota íntegra que en España correspondería pagar por las mencionadas rentas si se hubieran obtenido en territorio español. El importe del impuesto satisfecho en el extranjero se incluirá en la renta a los efectos que acaban de mencionarse e, igualmente, formará parte de la base imponible, aun cuando no fuese plenamente deducible. Tendrá la consideración de gasto deducible aquella parte del importe del impuesto satisfecho en el extranjero que no sea objeto de deducción en la cuota íntegra por aplicación de lo antes señalado, siempre que se corresponda con la realización de actividades económicas en el extranjero.

– En el artículo 32 de la LIS se prevé una **deducción para evitar la doble imposición económica internacional en relación con dividendos y participaciones en beneficios**. Así, cuando en la base imponible se computen dividendos o participaciones en beneficios pagados por una entidad no residente en territorio español, se deducirá el impuesto efectivamente pagado por esta última respecto de los beneficios con cargo a los cuales se abonan los dividendos, en la cuantía correspondiente de tales dividendos, siempre que dicha cuantía se incluya en la base imponible del contribuyente. Para aplicar esta deducción será necesario que se cumplan los siguientes requisitos: que el porcentaje de participación, directa o indirecta, en el capital o en los fondos propios de la entidad no residente sea, al menos, del 5 %; y que la participación se hubiera poseído de manera ininterrumpida durante el año anterior al día en que sea exigible el beneficio que se distribuya o, en su defecto, que se mantenga durante el tiempo necesario para completar un año. Para el cómputo del plazo se tendrá también en cuenta el período en que la participación haya sido poseída ininterrumpidamente por otras entidades que reúnan las circunstancias del artículo 42 del Código de Comercio para formar parte del mismo grupo de sociedades, con independencia de la residencia y de la obligación de formular cuentas anuales consolidadas. En caso de distribución de reservas se atenderá a la designación contenida en el acuerdo social y, en su defecto, se considerarán aplicadas las últimas cantidades abonadas a dichas reservas. Por otro lado, también tendrá la consideración de impuesto efectivamente pagado el impuesto satisfecho por las entidades participadas directamente por la sociedad que distribuye el dividendo y por las que, a su vez, estén participadas directamente por aquellas, y así sucesivamente, en la parte imputable a los beneficios con cargo a los cuales se pagan los dividendos siempre que la participación indirecta en dichas entidades sea, al menos, del 5 % y se cumpla el requisito antes mencionado en lo concerniente al tiempo de tenencia de la participación.

La deducción del artículo 32 de la LIS, conjuntamente con la establecida en el artículo 31 de la LIS respecto de los dividendos o participaciones en los beneficios, no podrá exceder de la cuota íntegra que correspondería pagar en España por estas rentas si se hubieran obtenido en territorio español. Para calcular dicha cuota íntegra los dividendos o participaciones en los beneficios se reducirán en un 5 % en concepto de gastos de gestión referidos a dichas participaciones. Dicha reducción no se practicará en el caso de los dividendos o participaciones en los beneficios en los que concurran las circunstancias establecidas en el apartado 11 del artículo 21 de la LIS. El exceso sobre dicho límite no tendrá la consideración de gasto fiscalmente deducible, sin perjuicio de lo antes indicado en el marco de la exención del artículo 31 de la LIS.

En cualquiera de las dos deducciones, las cantidades no deducidas por insuficiencia de cuota íntegra podrán deducirse en los períodos impositivos siguientes y el derecho de la Administración para iniciar el procedimiento de comprobación de las deducciones por doble imposición aplicadas o pendientes de aplicar prescribirá a los 10 años a contar desde el día siguiente a aquel en que finalice el plazo para presentar la declaración o autoliquidación correspondiente al período impositivo en que se generó el derecho a su aplicación. Transcurrido dicho plazo, el contribuyente deberá acreditar las deducciones cuya aplicación pretenda, mediante la exhibición de la liquidación o autoliquidación y la contabilidad, con acreditación de su depósito durante el citado plazo en el registro mercantil.

RESOLUCIÓN ADMINISTRATIVA

Resolución del Tribunal Económico-Administrativo Central n.º 3966/2018, de 24 de septiembre de 2020

Asunto: diferencia de trato entre el régimen de la deducción para evitar la doble imposición internacional de dividendos en función de la residencia de la entidad que los distribuyera bajo el régimen del TRLIS.

«Conforme al criterio del Tribunal Supremo (Sentencia de 2 de julio de 2020, rec. cas. 3503/2017), el artículo 32 del TRLIS supone un trato discriminatorio para el régimen fiscal de la deducción de los dividendos percibidos por empresas que tributan por el impuesto sobre sociedades, cuando son percibidos de entidades no residentes -sean éstas de Estados miembros o no-, en relación con el que recibirían de ser residente en España la entidad que los reparte.

En el mismo sentido Sentencia del Tribunal Supremo núm. 1170/2020, de 17 de septiembre. Recurso de Casación 1103/2019».

2.1. Exención sobre dividendos o participaciones en beneficios de entidades residentes y no residentes en territorio español

La exención en el IS para evitar la doble imposición sobre dividendos o participaciones en beneficios de entidades

Los dividendos o participaciones en beneficios son los ingresos por excelencia que reporta la participación en el capital o en los fondos propios de una entidad. Si quien los cobra es una persona física residente en España, tendrá que tributar por ellos en su IRPF; mientras que, si el socio que percibe los dividendos es una persona jurídica, deberá hacerlo en su Impuesto sobre Sociedades.

Así las cosas, parece claro que cuando una sociedad participa en el capital de otra y recibe dividendos o participaciones en beneficios, esos ingresos quedarán dentro del radio de acción de su IS. La cuestión es que la normativa del impuesto arbitra un mecanismo específico para evitar la doble imposición que se produciría si dichos dividendos que se distribuyen a la sociedad perceptora tributan en su IS, después de que la sociedad que los reparte ya hubiera tributado también en su IS por los beneficios con cargo a los que se distribuyen. Nos referimos a la exención regulada en el primer apartado del artículo 21 de la LIS para los dividendos o participaciones en beneficios de entidades, que podrá aplicarse siempre que se cumplan los requisitos exigidos y con las limitaciones legalmente previstas.

Requisitos básicos para aplicar la exención del artículo 21.1 de la LIS

Estarán exentos los dividendos o participaciones en beneficios de entidades, cuando se cumplan los siguientes **requisitos** [los tres primeros se establecen en la letra a) del precepto y el cuarto en la letra b) del apartado 1 del artículo 21 de la LIS]:

- Porcentaje de participación significativo.
- Período mínimo de tenencia o antigüedad de la participación.
- Requisito específico de participación indirecta para el caso de que la participada participe a su vez en otras entidades y obtenga de ellas cierto porcentaje de ingresos.
- Requisito adicional de tributación mínima para el caso de participaciones en entidades no residentes en territorio español.

Cuando la entidad participada, residente o no residente en territorio español, obtenga dividendos, participaciones en beneficios o rentas derivadas de la transmisión de valores representativos del capital o de los fondos propios de entidades procedentes de dos o más entidades respecto de las que **solo en alguna o algunas de ellas se cumplan los tres primeros requisitos señalados en el apartado anterior o todos ellos**, la aplicación de la exención se referirá a aquella parte de los dividendos o participaciones en beneficios recibidos por el contribuyente respecto de entidades en las que se cumplan los citados requisitos.

Por lo demás, el cumplimiento de todos y cada uno de los requisitos constituye una cuestión de hecho, que deberá ser acreditada por cualquier medio de prueba admisible en derecho, ante los órganos competentes en materia de comprobación de la Administración tributaria.

En los siguientes puntos los veremos un poco más a fondo.

RESOLUCIÓN ADMINISTRATIVA

Consulta vinculante de la Dirección General de Tributos (V0031-25), de 15 de enero de 2025

Asunto: requisitos básicos para aplicar la exención por cobro de dividendos del artículo 21.1 de la LIS.

«(...) los dividendos que distribuya la entidad Y a la entidad consultante X podrían beneficiarse de la exención regulada en el artículo 21 de la LIS, en los términos previamente señalados, en la medida en que se cumplan los requisitos establecidos en el mismo.

*En relación con el **porcentaje de participación**, de acuerdo con la letra a) del apartado 1 del artículo 21 de la LIS, estarán exentos los dividendos o participaciones en beneficios de entidades, siempre que el porcentaje de participación en el capital o fondos propios de la entidad que los distribuye sea, al menos, del 5% y siempre que dicho porcentaje se hubiere poseído de manera ininterrumpida durante el año anterior al día en que se exigible el dividendo distribuido o se mantuviese posteriormente durante el tiempo necesario para completar dicho plazo.*

En el caso concreto planteado, de la información proporcionada en el escrito de consulta, se desprende que la entidad consultante X ostenta un porcentaje de participación del 50% en la entidad Y.

*En relación con el **periodo mínimo de tenencia,** en el escrito de consulta consta que la participación fue adquirida en 2018 y que la entidad consultante percibe los dividendos de Y en 2024, por lo que se consideraría cumplido el requisito exigido en el artículo 21.1 de la LIS.*

*Por otra parte, el requisito establecido en la letra b) del apartado 1 del artículo 21 de la LIS resulta de aplicación en relación con la entidad Y, ya que se trata de una **entidad no residente en territorio español**. Por tanto, para que se cumpla el requisito previsto en la referida letra respecto de la entidad Y, esta debe ser residente fiscal en un país con el que España tuviera suscrito un convenio para evitar la doble imposición internacional, que le fuera de aplicación y que contuviera cláusula de intercambio de información, o, en su defecto, que estuviera sujeta y no exenta por un impuesto extranjero de naturaleza idéntica o análoga al Impuesto sobre Sociedades español, a un tipo nominal de, al menos, el 10% en los ejercicios en los que se hubieran obtenido los beneficios objeto de distribución, con independencia de la aplicación de algún tipo de exención, bonificación, reducción o deducción sobre aquellos, siempre que, adicionalmente, no residiera en un país o territorio calificado como paraíso fiscal.*

De los datos de la consulta se desprende que la entidad Y es residente fiscal en México, por lo que se entendería cumplido el requisito del artículo 21.1.b) de la LIS, siempre que a dicha entidad le resultase de aplicación el Convenio entre el Reino de España y los Estados Unidos Mexicanos para evitar la doble imposición en materia de impuestos sobre la renta y el patrimonio y prevenir el fraude y la evasión fiscal y Protocolo anejo, firmado en Madrid el 24 de julio de 1992 (BOE de 27 de octubre de 1994)».

2.1.1. Requisitos de aplicación

Porcentaje de participación significativo

El porcentaje de participación, directa o indirecta, en el capital o en los fondos propios de la entidad participada tendrá que ser, **al menos, del 5 %.**

Antes de la reforma operada en el artículo 21 de la LIS por parte de la Ley 11/2020, de 30 de diciembre, con efectos para los períodos impositivos iniciados a partir del 1 de enero de 2021, este requisito admitía dos posibilidades de cumplimiento: la exención podía aplicarse cuando el porcentaje de participación fuera como mínimo del 5 % (igual que se exige hoy) o bien cuando el valor de adquisición de la participación hubiera sido superior a 20 millones de euros. Por ese motivo, y con el objetivo de garantizar la seguridad jurídica y las expectativas generadas en los contribuyentes, el legislador introdujo en la disposición transitoria cuadragésima de la LIS un régimen transitorio para aquellos supuestos en los que las participaciones se hubieran adquirido en períodos impositivos iniciados antes del 1 de enero de 2021 con un valor de adquisición superior a 20 millones de euros, pero sin alcanzar el porcentaje del 5 % mencionado. Se les permite aplicar la exención durante los períodos impositivos que se inicien dentro de los años 2021 a 2025, siempre que cumplan el resto de los requisitos exigidos.

Con respecto a esta medida transitoria, cabe traer a colación lo apuntado por la Dirección General de Tributos en su consulta vinculante (V0886-24), de 23 de abril de 2024, donde delimita el ámbito de aplicación de dicho régimen:

«La citada disposición establece un régimen transitorio para las participaciones en el capital o en los fondos propios de una entidad que no alcancen el porcentaje de participación establecido en el primer párrafo de la letra a) del apartado 1 del artículo 21 de esta Ley, cuyo valor de adquisición sea superior a 20 millones de euros y hayan sido adquiridas en períodos impositivos iniciados con anterioridad a 1 de enero de 2021. Así, dicho régimen transitorio permite aplicar, respecto de tales participaciones, la exención sobre los dividendos y participaciones en beneficios, así como sobre las rentas positivas derivadas de su transmisión, siempre que se cumplan el resto de los requisitos exigidos en el artículo 21 de la LIS, durante los períodos impositivos que se inicien dentro de los años 2021, 2022, 2023, 2024 y 2025.

Sin duda, en aras del principio de seguridad jurídica, consagrado en el artículo 9.3 de la Constitución Española, con el fin de salvaguardar las expectativas de los contribuyentes generadas bajo la normativa vigente con anterioridad a la modificación introducida mediante Ley 11/2020, de 30 de diciembre, el legislador reguló el régimen transitorio previamente analizado, de forma que, aquellos contribuyentes que con anterioridad a 1 de enero de 2021 hubieran adoptado unas determinadas decisiones de inversión en un contexto normativo determinado (en el que se permitía la aplicación de la exención de dividendos y plusvalías derivadas de participaciones no significativas (inferiores al 5%) con un valor de adquisición superior a 20 millones de euros) no vieran frustradas sus expectativas y pudieran continuar aplicando, ceteris paribus, el régimen de exención contenido en el artículo 21 de la LIS por un período de cinco años. Una vez transcurrido el referido período transitorio, para los períodos impositivos iniciados a partir de 01 de enero de 2026, tales contribuyentes sólo podrán aplicar la exención prevista en el artículo 21 LIS en los términos legalmente establecidos.

Tratándose de inversores que con anterioridad al 1 de enero de 2021 cumplían simultáneamente los dos requisitos alternativos, previstos en el artículo 21.1.a) de la LIS, que condicionan la aplicación del artículo 21 de la LIS (porcentaje de participación de, al menos un 5% y valor de adquisición superior a 20 millones de euros), **no resultará de aplicación la disposición transitoria cuadragésima de la LIS.**

En efecto, así se desprende de lo dispuesto en la propia disposición transitoria cuadragésima puesto que la misma solo resulta de aplicación tratándose de "participaciones adquiridas en los períodos impositivos iniciados con anterioridad al 1 de enero de 2021 que tuvieran un valor de adquisición superior a 20 millones de euros sin alcanzar el porcentaje establecido en el primer párrafo de la letra a) del apartado 1 del artículo 21 de esta Ley", y ello es plenamente acorde con el régimen transitorio previamente analizado, en la medida en que en el momento en que entró en vigor la nueva redacción dada al artículo 21 de la LIS mediante Ley 11/2020, tales contribuyentes ya cumplían el requisito del porcentaje de participación legalmente exigido (al menos, un 5%) y, por ende, ninguna expectativa pudo verse frustrada en tal situación.

En consecuencia, **si el contribuyente, con anterioridad a 1 de enero de 2021, adquirió una participación en el capital o en los fondos propios de otra entidad representativa de, al menos un 5%, y con posterioridad a dicha fecha, la referida inversión representase un porcentaje de participación inferior al 5%,** los dividendos o participaciones en beneficios, así como las plusvalías derivadas de la transmisión de dicha participación, **obtenidos en los períodos impositivos iniciados a partir de 1 de enero de 2021, no podrán gozar de la exención prevista en el artículo 21 de la LIS en la medida en que habría dejado de cumplirse el requisito de participación previsto en el artículo 21.1 a) de la LIS, y ello aun cuando el valor de adquisición de la referida participación fuese superior a 20 millones de euros».**

RESOLUCIÓN ADMINISTRATIVA

Consulta vinculante de la Dirección General de Tributos (V2234-24), de 15 de octubre de 2024

Asunto: necesidad de que concurra el requisito de porcentaje de participación significativo para aplicar la exención del artículo 21.1 de la LIS.

«(...) los dividendos que distribuya la entidad S a la entidad consultante G podrían beneficiarse de la exención regulada en el artículo 21 de la LIS, en los términos previamente señalados, en la medida en que se cumplan los requisitos establecidos en el mismo.

En relación con el porcentaje de participación, de acuerdo con la letra a) del apartado 1 del artículo 21 de la LIS, estarán exentos los dividendos o participaciones en beneficios de entidades, siempre que el porcentaje de participación en el capital o fondos propios de la entidad que los distribuye sea, al menos, del 5% y siempre que dicho porcentaje se hubiere poseído de manera ininterrumpida durante el año anterior al día en que se exigible el dividendo distribuido o se mantuviese posteriormente durante el tiempo necesario para completar dicho plazo.

En el caso concreto planteado, de la información proporcionada en el escrito de consulta, se desprende que la entidad consultante G ostenta un porcentaje de participación del 5% en la entidad S.

En relación con el periodo mínimo de tenencia, en el escrito de consulta consta que la participación fue adquirida el 31 de marzo de 2022 y que la entidad consultante percibe los dividendos de S el 2 de marzo de 2023 y el 4 de mayo de 2023, por lo que en ambos casos se consideraría cumplido el requisito exigido en el artículo 21.1 de la LIS».

Período mínimo de tenencia o antigüedad de la participación

La participación correspondiente deberá poseerse de manera **ininterrumpida durante el año anterior** al día en el que sea exigible el beneficio que se distribuya o, en su defecto, se deberá **mantener posteriormente durante el tiempo necesario** para completar dicho plazo.

Para el cómputo del plazo se tendrá también en cuenta el período en que la participación haya sido poseída ininterrumpidamente por otras entidades que reúnan las circunstancias a las que se refiere el artículo 42 del Código de Comercio para formar parte del mismo grupo de sociedades, con independencia de la residencia y de la obligación de formular cuentas anuales consolidadas.

CUESTIÓN

Una sociedad *holding* adquirió sus participaciones en las filiales, que luego le repartirán dividendos, a través de una operación acogida al régimen de neutralidad fiscal regulado en el capítulo VII del título VII de la LIS. Por lo tanto, las participaciones que recibió la *holding* mantuvieron la misma fecha y valor de adquisición que tenían en el patrimonio de los socios aportantes o transmitentes (artículos 78 y 80 de la LIS).

¿Esa circunstancia tendrá relevancia de cara al cumplimiento del requisito de antigüedad exigido para aplicar la exención del artículo 21.1 de la LIS por los dividendos que perciba la *holding*?

Si la fecha de adquisición originaria fuese superior al año, o si se mantuviese posteriormente la participación durante el tiempo necesario para completar dicho plazo, se consideraría cumplido ese requisito, tal y como indicó la DGT en su consulta vinculante (V0930-24), de 25 de abril de 2024:

«(...) en relación con la fecha de adquisición de las participaciones de P, en sede de la entidad NEWCO, en la medida en que resulte de aplicación el régimen fiscal del Capítulo VII del Título VII de la LIS, en virtud del artículo 80 de la LIS, el valor y la fecha de adquisición de los valores adquiridos por la beneficiaria de la operación serán los existentes en sede de los socios que efectúan la operación. En este caso, por tanto, las participaciones que recibiría la NEWCO de las personas físicas aportantes (PF1 y PF2) conservarían la fecha y el valor de adquisición existentes en sede de las mismas. Por lo que, si la fecha de adquisición originaria fuese superior al año, o si se mantuviese posteriormente la participación durante el tiempo necesario para completar dicho plazo, se consideraría cumplido el requisito previsto en el artículo 21.1 de la LIS. De la información proporcionada en el escrito de consulta parece desprenderse que PF1 y PF2 poseían sus participaciones en la entidad P desde hacía más de un año».

Requisito específico de participación indirecta para el caso de que la participada participe a su vez en otras entidades y obtenga de ellas cierto porcentaje de ingresos

En el caso de que la entidad participada **obtenga dividendos, participaciones en beneficios o rentas derivadas de la transmisión de valores** representativos del capital o de los fondos propios de entidades en **más del 70 % de sus ingresos**, la aplicación de esta **exención con respecto a dichas rentas requerirá que el contribuyente tenga una participación indirecta en esas entidades que cumpla los requisitos** exigidos (porcentaje significativo y período de tenencia). Ese porcentaje de ingresos se calculará sobre el resultado consolidado del ejercicio, en el caso de que la entidad directamente participada sea dominante de un grupo según los criterios establecidos en el artículo 42 del Código de Comercio, y formule cuentas anuales consolidadas.

Ahora bien, la LIS acota la aplicación de este requisito específico en dos sentidos:

- El requisito **no se aplicará cuando el contribuyente acredite que los dividendos o participaciones en beneficios percibidos se han integrado en la base imponible** de la entidad directa o indirectamente participada como dividendos, participaciones en beneficios o rentas derivadas de la transmisión de valores representativos del capital o de los fondos propios de entidades sin tener derecho a la aplicación de un régimen de exención o de deducción por doble imposición.

- No será necesario que la **participación indirecta en filiales de segundo o ulterior nivel respete el porcentaje mínimo del 5 %** cuando dichas filiales reúnan las circunstancias a que se refiere el artículo 42 del Código de Comercio para formar parte del **mismo grupo de sociedades con la entidad directamente participada y formulen estados contables consolidados.**

En definitiva, este tercer requisito supone que, cuando la sociedad que reparta los dividendos a su vez participe en otras entidades y obtenga dividendos, participaciones en beneficios o rentas derivadas de la transmisión de valores representativos del capital o de los fondos propios de entidades en más del 70 % de sus ingresos, el análisis de los requisitos de porcentaje de participación y período de tenencia de la misma no se limite a la relación existente entre la sociedad que reparte los dividendos y la que los cobra, sino que vaya más allá y alcance al resto de la cadena societaria. La primera sociedad tendrá que tener una participación indirecta que cumpla los requisitos de porcentaje significativo y período de tenencia en las filiales de segundo o ulterior nivel, con las salvedades mencionadas.

En palabras de la Dirección General de Tributos [consulta vinculante (V5067-16), de 22 de noviembre de 2016]:

> «Si los ingresos de la entidad participada proceden en más de un 70% de (i) dividendos o participaciones en beneficios y (ii) rentas derivadas de la transmisión de valores representativos del capital o fondos propios de entidades, dicha entidad adquiere la condición de "holding" a estos efectos, exigiéndose, por tanto, una especie de "look through", es decir, un análisis del porcentaje de participación en las entidades indirectamente participadas, de manera que en las mismas se posea una participación indirecta del 5% o, lo que es lo mismo, analizar las participaciones indirectamente poseídas para ver si respecto de ellas se cumple el requisito de porcentaje de participación mínimo y que se haya ostentado de forma ininterrumpida

durante el año anterior al día en que sea exigible el beneficio que se distribuya o, en su defecto, se deberá mantener posteriormente durante el tiempo necesario para completar dicho plazo. De cumplirse ese porcentaje de participación mínimo indirecto y tiempo de tenencia, los dividendos distribuidos tendrán derecho a la exención. En caso contrario, no habría acceso al régimen de exención.

Sin embargo, si los ingresos de la entidad participada no proceden en más de un 70% de (i) dividendos o participaciones en beneficios y (ii) rentas derivadas de la transmisión de valores representativos del capital o fondos propios de entidades, los socios personas jurídicas de X tendrá derecho a la exención en la medida en la que su participación directa en X cumpla los requisitos exigidos en el artículo 21 de la LIS, no exigiéndose el cumplimiento del requisito de participación mínima en relación a su participación indirecta, es decir, no exigiéndose el mencionado "look through"».

> **A TENER EN CUENTA.** A los efectos de este requisito, tal y como resulta de lo establecido por Tributos en la consulta vinculante que acaba de citarse, se consideraría como sociedad *holding* la sociedad participada por el contribuyente que obtiene dividendos, participaciones en beneficios o rentas derivadas de la transmisión de valores representativos del capital o de los fondos propios de entidades en más del 70 % de sus ingresos. Aquellas que no cumplan tal requisito, habitualmente se conocen como sociedades «operativas».

Para valorar si una entidad tiene la condición de *holding* a los efectos de este requisito, según la DGT **deberán tenerse en cuenta los ingresos obtenidos por la sociedad directamente participada por el contribuyente en el ejercicio cuyos beneficios son objeto de distribución.** Se trata de un criterio ya recogido en su consulta vinculante (V5067-16), de 22 de noviembre de 2016, antes citada, y luego reiterado en otras posteriores [por ejemplo, las más recientes (V0654-25), de 10 de abril de 2025, o (V2234-24), de 15 de octubre de 2024].

Asimismo, también se ha de considerar el criterio expresado por Tributos en su consulta vinculante (V0478-20), de 27 de febrero de 2020; reiterado con posterioridad, entre otras, en la ya mencionada (V2234-24), de 15 de octubre de 2024, la (V0429-24), de 14 de marzo de 2024, o la (V0430-24), de la misma fecha. Justamente, esta última lo recoge del siguiente modo:

> «(...) debe tomarse en consideración el criterio manifestado por este Centro Directivo (entre otras, en su consulta vinculante V0478-20), en un supuesto en el que la sociedad operativa distribuye dividendos a la sociedad holding directamente participada y esta, posteriormente, distribuye dividendos a su socio último. En tal supuesto, el requisito de participación indirecta mínima, en el socio último, se debe analizar el **día en que resulte exigible, en sede de la sociedad holding directamente participada, el beneficio que hubiera sido distribuido por la entidad operativa indirectamente participada**».

Finalmente, conviene que nos preguntemos cómo calcular la participación indirecta de una sociedad en otra. A falta de una previsión específica en este ámbito, puede acudirse a lo que para el régimen de consolidación fiscal establece el artículo 60 de la LIS: «cuando una entidad participe en otra, y esta segunda en una tercera, y así sucesivamente, *para calcular la participación indirecta de la primera sobre las demás entidades, se multiplicarán, respectivamente, los porcentajes de participación en el capital social*». Por ejemplo, si una sociedad participa en una filial en un 90 % y dicha filial, a su vez, participa en otra entidad en un 30 %; el porcentaje de participación indirecta de la primera entidad en la tercera sería del 27 % (90 x 30 %).

CUESTIÓN

Una sociedad «A» es titular del 60 % de las participaciones de la sociedad «B» y dicha sociedad «B», a su vez, tiene una participación del 10 % en otra sociedad («C»). Todas ellas son entidades residentes en territorio español y poseen las participaciones de las que son titulares desde hace más de dos años sin interrupción. Las sociedades «B» y «C» no presentan cuentas anuales consolidadas. Por otro lado, la sociedad «B» obtiene dividendos, participaciones en beneficios o rentas derivadas de la transmisión de valores representativos del capital o de los fondos propios de otras entidades en más del 70 % de sus ingresos.

La sociedad «B» va a repartir dividendos a la sociedad «A», que proceden a su vez de dividendos distribuidos por sus filiales. ¿Se cumplirá el requisito de participación indirecta que el artículo 21.1 de la LIS exige para aplicar la exención a los dividendos?

En principio, parece que para que pueda aplicarse la exención del artículo 21.1 de la LIS a los dividendos que «A» perciba de «B» deberá cumplirse el requisito de participación indirecta en las filiales de segundo o ulterior nivel previsto en la letra a) del precepto. En ese sentido, el período de tenencia de la participación no supondría un problema (es superior a un año ininterrumpido). Sin embargo, habría que ver si la participación indirecta de «A» en «C» es significativa y llega al 5 %: «A» participa en «B» en un 60 % y «B» participa en «C» en un 10 %, así que el porcentaje de participación indirecta de «A» en «C» sería del 6 % (60 % x 10 %).

Con todo, conviene tener en cuenta que este requisito de participación indirecta no se aplicará cuando el contribuyente acredite que los dividendos o participaciones en beneficios percibidos se han integrado en la base imponible de la entidad participada como dividendos, participaciones en beneficios o rentas derivadas de la transmisión de valores representativos del capital o de los fondos propios de entidades sin tener derecho a la aplicación de un régimen de exención o de deducción por doble imposición.

RESOLUCIONES ADMINISTRATIVAS

Consulta vinculante de la Dirección General de Tributos (V0429-24), de 14 de marzo de 2024

Asunto: entrada en juego del requisito adicional de participación indirecta para aplicar la exención del artículo 21.1 de la LIS en caso de reparto de dividendos realizado por una participada que participa en varias filiales.

«(...) en el presente supuesto, se hace constar que la sociedad C participa, a su vez, en las sociedades E y F. Por tanto, sería preciso analizar si la entidad C obtiene dividendos, participaciones en beneficios o rentas derivadas de la transmisión de valores representativos del capital o de los fondos propios de entidades en más del 70% de sus ingresos. Este porcentaje del 70% se calcula sobre los ingresos que resulten del resultado consolidado que se derivan de la cuenta de pérdidas y ganancias consolidada, cuando la entidad directamente participada (entidad C) sea do-

minante de un grupo según los criterios establecidos en el artículo 42 del Código de Comercio y formule cuentas anuales consolidadas. En caso de superarse el referido porcentaje del 70%, se analizarán las participaciones indirectamente poseídas para ver si, respecto de ellas, se cumple el requisito de porcentaje de participación mínimo y antigüedad o, en su defecto, se deberá mantener posteriormente durante el tiempo necesario para completar dicho plazo. No obstante, no será preceptivo cumplir el porcentaje indirecto mínimo del 5% en el supuesto de que las filiales formen parte del mismo grupo mercantil con la entidad directamente participada y formulen estados consolidados. En el supuesto concreto planteado, nada se dice sobre este extremo.

(...)

*(...) se desconoce si la entidad C, entidad directamente participada, en el ejercicio cuyos beneficios vayan a ser objeto de distribución, habrá obtenido dividendos o participaciones en beneficios o rentas derivadas de la transmisión de valores representativos del capital o de los fondos propios de sus filiales (E y F) que representen más del 70% de sus ingresos. De ser así, la participación indirecta que las entidades NEWCO1 y NEWCO2 deberán poseer respecto de las filiales participadas por la entidad C (las entidades E y F), **en la fecha en que resulte exigible, en sede de la sociedad holding directamente participada, el beneficio que hubiera sido distribuido por las filiales indirectamente participadas, deberá ser superior o igual al 5% de su capital social y haberla ostentado de forma ininterrumpida durante el año anterior a la fecha en que tales dividendos fueron exigibles por la sociedad C o haberla mantenido posteriormente hasta completar dicho plazo».**

Consulta vinculante de la Dirección General de Tributos (V2234-24), de 15 de octubre de 2024

Asunto: supuesto en el que no se aplica el requisito específico de participación indirecta del 5 % en filiales de segundo o ulterior nivel por existir grupo y presentarse cuentas anuales consolidadas.

«(...) en el presente supuesto, se señala que la entidad S participa, a su vez, en otras filiales, por lo que resultaría preciso analizar si la entidad S obtiene dividendos, participaciones en beneficios o rentas derivadas de la transmisión de valores representativos del capital o de los fondos propios de entidades en más del 70% de sus ingresos. Este porcentaje del 70% se calcula sobre los ingresos que resulten del resultado consolidado que se derivan de la cuenta de pérdidas y ganancias consolidada, cuando la entidad directamente participada sea dominante de un grupo, según los criterios establecidos en el artículo 42 del Código de Comercio y formule cuentas anuales consolidadas. En caso de superarse el referido porcentaje del 70%, se analizarán las participaciones indirectamente poseídas para ver si, respecto de ellas, se cumple el requisito de porcentaje de participación mínimo y antigüedad.

(...)

En la presente contestación se parte de la presunción de que las entidades S, I y J tienen la consideración de entidades holding en la medida que en el escrito de consulta se manifiesta que cada una de dichas entidades obtiene dividendos y rentas procedentes de la transmisión de participaciones, tanto si se toman los estados financieros individuales como consolidados, en más de un 70% de sus ingresos. No obstante, en el supuesto concreto planteado resultaría de aplicación el tercer párrafo de la letra a) del apartado 1 del artículo 21 de la LIS que señala, en su inciso final, que: " (...) No obstante, la participación indirecta en filiales de segundo o ulterior nivel deberá respetar el porcentaje mínimo del 5 por ciento, salvo que dichas filiales reúnan las circunstancias a que se refiere el artículo 42 del Código de Comercio para formar parte del mismo grupo de sociedades con la entidad directamente participada y formulen estados contables consolidados.". Este inciso resulta de aplicación al supuesto concreto planteado en la

> *medida en que **las entidades S, I y J forman parte del mismo grupo mercantil (en este caso, el grupo cuya entidad dominante es la entidad S) y dicho grupo presenta cuentas anuales consolidadas,** de conformidad con la información prevista en el escrito de consulta. En consecuencia, **no resultará necesario que la entidad G posea una participación indirecta en las entidades I y J de, al menos, el 5 por ciento en aquellas».***

Requisito adicional de tributación mínima para el caso de participaciones en entidades no residentes en territorio español

Mientras que los tres requisitos anteriores se recogen en la letra a) del artículo 21.1 de la LIS, este último se regula en la letra b), para el caso de participaciones en el capital o en los fondos propios de entidades no residentes en territorio español. En tales supuestos, a mayores será necesario que la entidad **participada haya estado sujeta y no exenta por un impuesto extranjero de naturaleza idéntica o análoga al IS a un tipo nominal de, al menos, el 10 %** en el ejercicio en que se hayan obtenido los beneficios que se reparten o en los que se participa, con independencia de la aplicación de algún tipo de exención, bonificación, reducción o deducción sobre aquellos.

A tales efectos, se tendrán en cuenta los tributos extranjeros que hayan tenido por finalidad la imposición de la renta obtenida por la entidad participada, con independencia de que el objeto del tributo lo constituya la renta, los ingresos o cualquier otro elemento indiciario de aquella.

Por lo demás, este requisito adicional:

- Se considerará cumplido cuando la entidad participada sea residente en un país con el que España tenga suscrito un convenio para evitar la doble imposición internacional, que le sea de aplicación y que contenga cláusula de intercambio de información.

- En ningún caso se entenderá cumplido cuando la entidad participada sea residente en un país o territorio calificado como paraíso fiscal, excepto que resida en un Estado miembro de la Unión Europea y el contribuyente acredite que su constitución y operativa responde a motivos económicos válidos y que realiza actividades económicas.

A TENER EN CUENTA. Todas las referencias que la normativa realiza a paraísos fiscales, a países o territorios con los que no exista efectivo intercambio de información, o de nula o baja tributación, se entienden efectuadas a la definición de jurisdicción no cooperativa de la disposición adicional primera de la Ley 36/2006, de 29 de noviembre. Actualmente, la lista de jurisdicciones no cooperativas se determina en la Orden HFP/115/2023, de 9 de febrero, que entró en vigor, con carácter general, el 11 de febrero de 2023 y resulta de aplicación a los tributos sin período impositivo devengados a partir de su entrada en vigor y a los demás tributos cuyo período impositivo se iniciara desde ese momento; aunque, para los países o territorios incluidos en su listado y que no estuvieran previstos en el Real Decreto 1080/1991, de 5 de julio, la orden entró en vigor el 11 de agosto de 2023, resultando de aplicación a los tributos sin período impositivo devengados a partir de su entrada en vigor y a los demás tributos cuyo período impositivo se iniciara desde ese momento.

En el supuesto de que la **entidad participada no residente obtenga dividendos, participaciones en beneficios o rentas derivadas de la transmisión de valores representativos del capital o de los fondos propios de entidades**, la aplicación de esta exención respecto de dichas rentas exigirá que este requisito adicional se cumpla, al menos, en la entidad indirectamente participada.

RESOLUCIÓN ADMINISTRATIVA

Consulta vinculante de la Dirección General de Tributos (V0654-25), de 1 de abril de 2025

Asunto: aplicación del requisito del artículo 21.1.b) de la LIS cuando una sociedad *holding* residente en España percibe dividendos de una participada residente en Francia.

«(...) el requisito establecido en la letra b) del apartado 1 del artículo 21 de la LIS resulta de aplicación en relación con la entidad A y las entidades participadas por la misma, ya que se trata de entidades no residentes en territorio español. Por tanto, para que se cumpla el requisito previsto en la referida letra respecto de las entidades A y sus participadas, éstas deben ser residentes fiscales en un país con el que España tuviera suscrito un convenio para evitar la doble imposición internacional, que les fuera de aplicación y que contuviera cláusula de intercambio de información, o, en su defecto, que estuvieran sujetas y no exentas por un impuesto extranjero de naturaleza idéntica o análoga al Impuesto sobre Sociedades español, a un tipo nominal de, al menos, el 10% en los ejercicios mencionados, con independencia de la aplicación de algún tipo de exención, bonificación, reducción o deducción sobre aquellos, siempre que, adicionalmente, no residieran en un país o territorio calificado como paraíso fiscal.

De los datos de la consulta se desprende que las entidades A y sus participadas son residentes fiscales en Francia, por lo que se entendería cumplido el requisito del artículo 21.1.b) de la LIS, siempre que a dichas entidades les resultase de aplicación el Convenio entre el Reino de España y la República Francesa a fin de evitar la doble imposición y de prevenir la evasión y el fraude fiscal en materia de impuestos sobre la renta y sobre el patrimonio, firmado en Madrid el 10 de octubre de 1995».

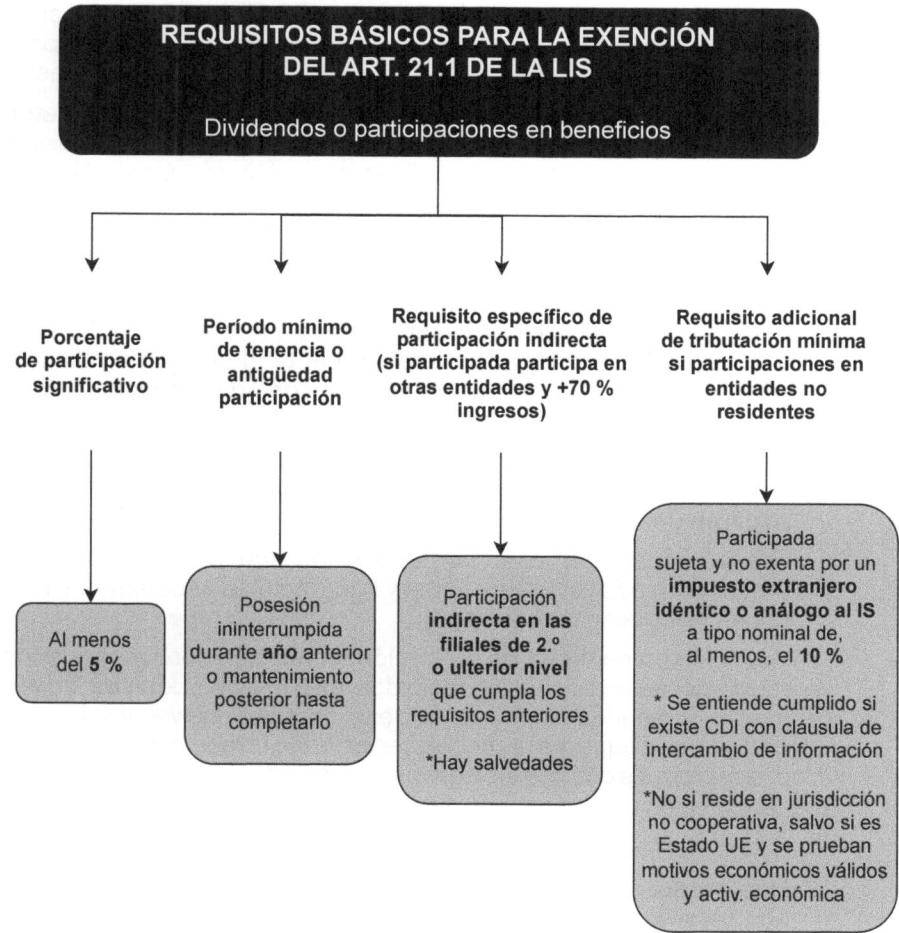

¿A qué dividendos o participaciones en beneficios podrá aplicarse exención en IS para evitar la doble imposición?

Para acotar el ámbito de aplicación de la exención, el apartado 2 del artículo 21 de la LIS aclara qué dividendos o participaciones en beneficios podrán disfrutar de ella. Así, y a los efectos de dicha exención:

- Tendrán la **consideración de dividendos o participaciones en beneficios**, los derivados de los valores representativos del capital o de los fondos propios de entidades, con independencia de su consideración contable.

- Tendrán la consideración de dividendos o participaciones en beneficios exentos las **retribuciones correspondientes a préstamos participativos otorgados por entidades que formen parte del mismo grupo** de sociedades según los criterios del artículo 42 del Código de Comercio, con independencia de la residencia y de la obligación de formular cuentas anuales consolidadas, salvo que generen un gasto fiscalmente deducible en la entidad pagadora. Conforme al artículo 20 del Real Decreto-Ley 7/1996, de 7 de junio, se considerarán préstamos participativos los que tengan las siguientes características:

» La entidad prestamista percibirá un interés variable que se determinará en función de la evolución de la actividad de la empresa prestataria. El criterio para determinar dicha evolución podrá ser: el beneficio neto, el volumen de negocio, el patrimonio total o cualquier otro que libremente acuerden las partes contratantes. Además, podrán acordar un interés fijo con independencia de la evolución de la actividad.

» Las partes contratantes podrán acordar una cláusula penalizadora para el caso de amortización anticipada. En todo caso, el prestatario solo podrá amortizar anticipadamente el préstamo participativo si dicha amortización se compensa con una ampliación de igual cuantía de sus fondos propios y siempre que éste no provenga de la actualización de activos.

» Los préstamos participativos en orden a la prelación de créditos se situarán después de los acreedores comunes.

» Los préstamos participativos se considerarán patrimonio neto a los efectos de reducción de capital y liquidación de sociedades previstas en la legislación mercantil.

• La exención **no resultará de aplicación** en relación con los dividendos o participaciones en beneficios recibidos cuyo importe deba ser objeto de entrega a otra entidad con ocasión de un contrato que verse sobre los valores de los que aquellos proceden, registrando un gasto al efecto. La entidad receptora de dicho importe en virtud del referido contrato podrá aplicar la exención en la medida en que se cumplan los siguientes requisitos:

» Que conserve el registro contable de dichos valores.

» Que pruebe que el dividendo ha sido percibido por la otra entidad contratante o una entidad perteneciente al mismo grupo de sociedades de cualquiera de las dos entidades, en los términos del artículo 42 del Código de Comercio.

» Que se cumplan los requisitos antes mencionados para aplicar la exención.

> **A TENER EN CUENTA**. Lo que señala el apartado 2 del artículo 21 de la LIS no resultará de aplicación a los préstamos participativos otorgados con anterioridad a 20 de junio de 2014 (disposición transitoria decimoséptima de la LIS).

RESOLUCIÓN RELEVANTE

Sentencia del Tribunal Supremo n.º 489/2025, de 19 de abril, ECLI:ES:TS:2025:1906

Asunto: limitaciones a la posibilidad de que la AEAT pueda recalificar unos dividendos percibidos en el extranjero bajo un concepto distinto para no aplicar la exención del artículo 21.1 de la LIS.

«(...) cuando se niega al interesado el derecho a la deducción por doble imposición económica internacional (art. 21 TRLIS) sobre dividendos y rentas de fuente extran-

jera derivadas de la transmisión de valores representativos de los fondos propios de entidades no residentes en territorio español, por entender que los ingresos no merecen tal calificación, se está negando la deducibilidad por doble imposición en España, pero al mismo tiempo manteniendo la condición que pudieran merecer esos mismos rendimientos en el país de su gravamen, en tanto se tributó por ellos. Tal proceder conduce a una contradicción lógica ciertamente insalvable.

Dicho con otras palabras, **una misma operación o negocio por la que se ha tributado en Luxemburgo (o que estuviera exenta allí) no puede ser recalificada solo en parte, solo en cuanto al no reconocimiento en España de la exención por doble imposición, pero no en lo referente a la procedencia de tributar en Luxemburgo**, que se erige en uno de los presupuestos de hecho de la aplicación del art. 21 TRLIS.

Esto es, si unos dividendos no son tales a efectos de no quedar comprendidos en el ámbito de la exención del art. 21 TRLIS, tampoco lo deberían ser a los fines de su tributación como tales en el país de la fuente.

7)Todo lo que afirmamos no supone, en modo alguno, una valoración por este Tribunal Supremo de las operaciones emprendidas, su verdadera intención o el propósito elusorio que, según la liquidación, lo guía. Antes bien, hay que partir de que estamos ante un negocio que la propia Administración tiene por fraudulento, por lo que era imperativo haber seguido el procedimiento especial del art. 15 LGT.

(...)

2.-La **Administración tributaria no puede, con fundamento en la habilitación que le confieren los arts. 21 TRLIS y 13 LGT, sin acudir a las normas generales antielusión reguladas en los arts. 15 y 16 LGT** -pese a entender que el negocio o actividad que se realiza es algo distinto de lo aparentemente concebido- **desconocer la actividad económica formalmente llevada a cabo y calificar el negocio jurídico como un producto financiero consistente en la cesión a terceros de capitales propios y sus rendimientos como procedentes de un activo financiero y no como la participación en los fondos propios de entidades no residentes.**

En otras palabras, ante la constatación por la propia AEAT de que el conjunto negocial diseñado y ejecutado persigue una finalidad elusoria fiscal mediante la realización de actos jurídicos artificiosos, era indeclinable la apertura del procedimiento previsto en el artículo 15.2 LGT mediante la emisión del informe favorable de la Comisión consultiva a que se refiere el artículo 159 de esta ley y la declaración correspondiente, en su caso.

3.-En los términos debatidos, no cabe negar la exención por doble imposición internacional prevista en el artículo 21 TRLIS, en relación con los dividendos y cuotas de liquidación recibidos de la entidad luxemburguesa CE 127 S.A., dada la falta de justificación del hecho determinante de la denegación, la de que no son dividendos derivados de la participación en los fondos propios de entidades no residentes.

4.-Por tanto, la AEAT ha actuado bajo el amparo formal de la facultad de calificación jurídica (art. 13 LGT) en un caso de conflicto en la aplicación de la norma tributaria, sin haber seguido el procedimiento que prevé al efecto el art. 15.2 LGT. Al no haberse recabado el informe preceptivo y vinculante, se ha infringido un trámite sustancial del procedimiento que conlleva su infracción total y absoluta y, por ende, la nulidad de pleno derecho del acto cuestionado en la instancia (art. 217.1. e) LGT)».

2.1.2. Exclusiones

Supuestos en los que no podrá aplicarse la exención del artículo 21.1 de la LIS

La exención de los dividendos o participaciones en beneficios de entidades que se regula en el apartado 1 del artículo 21 de la LIS no podrá aplicarse en determinados casos:

- No se aplicará respecto del importe de aquellos dividendos o participaciones en beneficios cuya distribución genere un **gasto fiscalmente deducible en la entidad pagadora** (penúltimo párrafo del artículo 21.1 de la LIS).

> **A TENER EN CUENTA.** En el caso de **distribución de reservas**, para aplicar la exención se atenderá a la designación contenida en el acuerdo social y, en su defecto, se considerarán aplicadas las últimas cantidades abonadas a dichas reservas.

- Tampoco se aplicará en los **supuestos que indica el apartado 9 del artículo 21 de la LIS**:
  - » A las rentas distribuidas por el fondo de regulación de carácter público del mercado hipotecario.
  - » A las rentas obtenidas por agrupaciones de interés económico españolas y europeas, y por uniones temporales de empresas, cuando, al menos uno de sus socios, tenga la condición de persona física.
  - » A las rentas de fuente extranjera que la entidad integre en su base imponible y en relación con las cuales opte por aplicar, si procede, la deducción establecida en los artículos 31 o 32 de la LIS (deducciones para evitar la doble imposición internacional).

Por lo tanto, a la vista de este último punto, no cabe la aplicación simultánea de la exención del artículo 21 de la LIS y de las deducciones para evitar la doble imposición previstas en los artículos 31 y 32 de la LIS, atribuyéndose al contribuyente la posibilidad de aplicar estas últimas en detrimento de la primera. Una decisión que tanto la Audiencia Nacional como la Dirección General de Tributos parecen configurar como una opción tributaria, en los términos del apartado 3 del artículo 119 de la LGT [en tal sentido, acúdase, por ejemplo, a la SAN n.º 233/2016, de 5 de mayo, ECLI:ES:AN:2016:1958, y a la consulta vinculante de la DGT (V2138-24), de 3 de octubre de 2024]. Así, la mencionada sentencia de la AN razonaba lo siguiente (a pesar de referirse a las medidas contenidas en el derogado TRLIS de 2004, podría extrapolarse a lo previsto en la LIS actual):

> «De lo expuesto se deduce que PRISA optó en los ejercicios indicados por aplicar el método de exención (artículo 20 bis de la LIS y artículo 21 del TRLIS) en lugar del método de imputación (previsto en el artículo 30 de la LIS y 32 del TRLIS) para evitar que se produjera un resultado de doble imposición internacional.

El **método de exención** supone la **no integración de la renta en la base imponible** (no estando prevista expresamente en la LIS la deducción adicional como gasto de lo retenido en el extranjero por impuesto análogo al percibir los dividendos). En cambio, **en el método de imputación el importe bruto del dividendo se integra en la base imponible y posteriormente se deduce en cuota el impuesto pagado en el extranjero,** con el límite de lo que hubiera correspondido pagar en España si esa misma renta se hubiera obtenido en nuestro país, y el exceso sobre dicho límite no tiene la consideración de gasto deducible.

Pues bien, no siendo posible la aplicación simultánea de ambos métodos y, **una vez ejercitada por la recurrente su opción de tributación en las declaraciones presentadas en cada uno de los ejercicios comprobados (2003, 2004 y 2005), eligiendo el método de exención y aplicándolo correctamente, no puede pretender válidamente la modificación de dicha opción** y, menos aun, hacerlo unilateralmente y en contra del criterio de la Inspección durante el curso de unas actuaciones inspectoras ya iniciadas (en 2008), en las que este extremo no fue objeto de regularización, al no oponer la Inspección reparo alguno a la exención aplicada, pues ello es contrario a lo previsto en el artículo 119.3 de La Ley General Tributaria».

A TENER EN CUENTA. En sentido análogo parecen pronunciarse también, por ejemplo, las sentencias del TSJ de Baleares n.º 932/2023, de 4 de diciembre, ECLI:ES:TSJBAL:2023:1600, y n.º 556/2021, de 28 de octubre, ECLI:ES:TSJBAL:2021:914; o la sentencia del TSJ de la Comunidad Valenciana n.º 206/2022, de 23 de febrero, ECLI:ES:TSJCV:2022:2118.

CUESTIÓN

Los «juros o intereses sobre el capital propio» (JSCP) previstos por la legislación brasileña, ¿pueden considerarse como dividendos o participaciones en beneficios de cara a aplicar la exención del artículo 21.1 de la LIS? ¿Podrán beneficiarse de dicha exención?

En principio, parece que sí, según concluyó el Tribunal Supremo en su sentencia de 16 de marzo de 2016, recurso n.º 1130/2014, ECLI:ES:TS:2016:1108, y su sentencia n.º 2618/2016, de 15 de diciembre, ECLI:ES:TS:2016:5399. En particular, la primera de las sentencias referidas analizó la naturaleza jurídica de esta figura desde la perspectiva del artículo 21 de la LIS, considerando que *«a estos efectos, los JSCP equivalen a una distribución de beneficios, sin que puedan considerarse intereses, en la medida en que no remuneran cantidades en préstamos ni se calculan sobre el principal pendiente de un crédito».* Al contrario, se argumentaba que *«proceden de la existencia de beneficios de la filial brasileña y el título que da derecho a su percepción es la participación de socio en el capital social mediante la tenencia de acciones».* En esa medida, la Sala consideraba acertado el criterio seguido por la sentencia de instancia cuando entendía *«que, como distribución de beneficios, resultan incluibles en el concepto de dividendos o participaciones en beneficios a que se refiere el mencionado artículo 21 TRLIS».*

Con todo, la resolución del TEAC n.º 3631/2020, de 24 de octubre de 2022, fijó el siguiente criterio:

«Bajo la vigencia de la Ley 27/2014, procede una doble calificación de los JSCP:

Por un lado, de acuerdo con la calificación otorgada por el Tribunal Supremo, los JSCP tienen la naturaleza jurídica de participaciones en beneficios a efectos de nuestra normativa interna.

> Por otro, con respecto a la aplicación del Convenio hispano-brasileño, la retribución de los JSCP ha de tener la calificación de intereses, por lo que pueden ser sometidos a gravamen en Brasil correspondiendo a España la eliminación de la doble imposición que se pudiera generar.
>
> Ello determina la **no aplicación de la exención regulada en el artículo 21 de la LIS en la medida en que se trate de dividendos cuya distribución genere un gasto fiscalmente deducible en la entidad pagadora brasileña**».

Y es que, normalmente, tanto el TEAC como la DGT vienen rechazando la aplicación de la exención del artículo 21 de la LIS en estos casos, al considerar que los JSCP generan un gasto fiscalmente deducible en la entidad pagadora [consultas vinculantes de la DGT (V2960-16) y (V2962-16), ambas de 27 de junio de 2016].

Frente a ese criterio, sin embargo, la sentencia de la Audiencia Nacional de 22 de mayo de 2025, n.º de recurso 222/2023, ECLI:ES:AN:2025:2488, entiende que los JSCP también deben considerarse como dividendos a los efectos del CDI hispano-brasileño (resultándoles de aplicación la exención del CDI prevista para los dividendos en el apartado 3 del artículo 23 del CDI, en lugar de la deducción establecida para los intereses en el apartado 2).

2.1.3. Importe que puede acceder a la exención

¿Qué cantidades podrán quedar exentas al amparo del artículo 21.1 de la LIS?

La Ley 11/2020, de 30 de diciembre, modificó el artículo 21 de la LIS (entre otros aspectos) para establecer que los gastos de gestión referidos a las participaciones dejasen de ser deducibles del beneficio imponible del contribuyente, salvo en ciertos supuestos puntuales, fijando la cuantía de tales gastos de gestión en un 5 % del dividendo. Con esa medida, que se introdujo con **efectos para los períodos impositivos iniciados a partir de 1 de enero de 2021**, en la mayoría de los casos la exención no alcanzará al importe íntegro de los dividendos o participaciones en beneficios obtenidos, sino que se quedará en el 95 %.

Así las cosas, cuando proceda la exención, la regla general será que el **importe de los dividendos o participaciones en beneficios de entidades a los que les resulte de aplicación se reduzca 5 % en concepto de gastos de gestión** referidos a las participaciones. Lo cual, si la sociedad aplica el tipo general del IS (del 25 %), se traducirá en una tributación efectiva de los dividendos o participaciones en beneficios del 1,25 %.

Sin embargo, **la reducción por gastos de gestión no se aplicará cuando concurran las siguientes circunstancias:**

- Los dividendos o participaciones en beneficios sean percibidos por una entidad cuyo importe neto de la cifra de negocios habida en el período impositivo inmediato anterior sea inferior a 40 millones de euros. Para determinar el importe neto de la cifra de negocios será de aplicación lo dispuesto en el apartado 2 del artículo 101 de la LIS.

- La entidad a la que se refiere el punto anterior deberá cumplir los siguientes requisitos:
  - » No tener la consideración de entidad patrimonial en los términos del apartado 2 del artículo 5 de la LIS.
  - » No formar parte, con carácter previo a la constitución de la entidad a la que luego se hará referencia, de un grupo de sociedades en el sentido del artículo 42 del Código de Comercio, con independencia de la residencia y de la obligación de formular cuentas anuales consolidadas.
  - » No tener, con carácter previo a la constitución de la entidad a la que luego se hará referencia, un porcentaje de participación, directa o indirecta, en el capital o en los fondos propios de otra entidad igual o superior al 5 %.
- Los dividendos o participaciones en beneficios procedan de una entidad constituida con posterioridad al 1 de enero de 2021 en la que se ostente, de forma directa y desde su constitución, la totalidad del capital o los fondos propios.
- Los dividendos o participaciones en beneficios se perciban en los períodos impositivos que concluyan en los tres años inmediatos y sucesivos al año de constitución de la entidad que los distribuya.

El hecho de que, en términos generales, la exención solo pueda aplicarse sobre una determinada parte del importe percibido suscitó ciertas dudas en torno a la **naturaleza o carácter mismo de la exención**. Desde algunos sectores, se planteó la posibilidad que la nueva reducción constituyese una limitación cuantitativa de la exención, que la configurase como una exención parcial, en lugar de plena. Con todo, la Dirección General de Tributos se ha decantado por esta última opción. Entiende que se trata de una **exención plena, aunque a efectos del cálculo de la renta con derecho a aplicarla se reduzca el importe íntegro en un 5 % en concepto de gastos de gestión**. Así lo razonó en su consulta vinculante (V2138-24), de 3 de octubre de 2024:

> «En este punto, procede analizar la naturaleza de la exención contenida en el artículo 21 de la LIS. Atendiendo a lo dispuesto en los apartados 1, 3 y 10 del referido precepto, se desprende que se trata de una exención plena, si bien, a efectos del cálculo de la renta con derecho a exención, el importe de los dividendos o de la renta positiva derivada de la transmisión deberá minorarse un 5% en concepto de gastos de gestión de la participación.
>
> Debe tomarse en consideración que la modificación introducida mediante la Ley 11/2020, con efectos para los períodos impositivos iniciados a partir de 1 de enero de 2021, responde a la existencia de unos gastos de gestión asociados a las participaciones que dan derecho al dividendo, y se recurre a la técnica de la deducción a tanto alzado, haciendo uso de la facultad prevista en la Directiva 2011/96/UE del Consejo, de 30 de noviembre, relativa al régimen fiscal común aplicable a las sociedades matrices y filiales de Estados miembros diferentes
>
> De este modo, si la renta que se corresponde con los dividendos obtenidos es el resultado de minorar el correspondiente ingreso en los correspondientes gastos de gestión, se logra que la exención opere sobre la renta realmente obtenida por el perceptor de esta y no sobre el ingreso íntegro. Con ello, se

consigue evitar que la exención vaya más allá, cuantitativamente, de la renta sujeta que se pretende exonerar, así como los posibles abusos que por dicha discordancia pudieran producirse. Y ello porque, en un impuesto que grava sintéticamente la renta – como resultado de detraer de los ingresos los gastos necesarios para su obtención –, la exención de un ingreso debe considerar el gasto necesario asociado al mismo.

Por tanto, **la exención recogida en el artículo 21 de la LIS es una exención del 100% que, con arreglo a lo dispuesto en su apartado 10, debe operar sobre la renta que se corresponda con los dividendos percibidos; renta que se determina minorando el importe del ingreso en los correspondientes gastos de gestión**».

A TENER EN CUENTA. El hecho de que Tributos considere la exención como plena, incluso aunque solo alcance al 95 % del importe de los dividendos percibidos, es de vital importancia si se pone en relación con el régimen especial de transparencia fiscal internacional regulado en el artículo 100 de la LIS. Y es que, no en vano, una de las circunstancias relevantes para que los contribuyentes deban imputar en su base imponible las rentas positivas en él previstas (transparentar) viene dada por que «*el importe satisfecho por la entidad no residente en territorio español, imputable a alguna de las clases de rentas previstas en el apartado 2 o 3 de este artículo por razón de gravamen de naturaleza idéntica o análoga a este Impuesto, sea inferior al 75 por ciento del que hubiera correspondido de acuerdo con las normas de aquel*» [letra b) del artículo 100.1 de la LIS]. De forma que, si la exención del artículo 21 de la LIS se conceptuase como una exención parcial (y no plena), en la teoría podría llegar a considerarse cumplido ese requisito. En ese sentido, la consulta vinculante de la DGT antes referenciada, concluye que «*la obtención de dividendos por la entidad C, en 2023 y 2024, procedentes de sus filiales operativas chilenas, siempre y cuando cumplan los requisitos del artículo 21.1 de la LIS, no determinará una tributación inferior al 75% de la que hubiera correspondido en España – puesto que, en ambos países (Chile y España), tales rentas gozan de exención plena –, por lo que no existirá obligación de transparentar las referidas rentas en sede de la consultante, atendiendo a lo dispuesto en el artículo 100 de la LIS*».

CUESTIONES

1. ¿Están sujetos a retención los dividendos que queden exentos al amparo del artículo 21.1 de la LIS?

No, pues el apartado 4.d) del artículo 128 de la LIS establece que no se practicará retención en «*los dividendos o participaciones en beneficios a que se refiere el apartado 1 del artículo 21 de esta Ley*».

2. En caso de grupo fiscal, el 5 % de los dividendos sobre los que no se puede aplicar la exención del artículo 21.1 de la LIS, ¿podrá ser objeto de eliminación a efectos de determinar la base imponible del IS del grupo?

No podrá ser objeto de eliminación. En el marco del régimen de consolidación fiscal, el artículo 64 de la LIS expresamente indica que «*no serán objeto de eliminación los importes que deban integrarse en las bases imponibles individuales por aplicación de lo establecido en el apartado 10 del artículo 21 de esta Ley*» (párrafo segundo). En ese sentido, puede acudirse también, por ejemplo, a las consultas vinculantes de la Dirección General de Tributos (V2400-23), de 6 de septiembre de 2023, o (V0324-24), de 5 de marzo de 2024.

3. Una sociedad percibe dividendos de otra entidad en cuyo capital participa por importe de 1.500 euros. Se cumplen los requisitos para aplicar la exención del artículo 21.1 de la LIS, con la reducción por gastos de gestión. Si la sociedad que cobra los dividendos aplica el tipo general del IS, ¿cuál será su tributación efectiva por el cobro de esos dividendos?

Importe total de los dividendos percibidos: 1.500 euros.

Importe sobre el que puede aplicarse la exención del artículo 21 de la LIS: 1.500 euros - gastos de gestión de las participaciones, que la ley los fija en un 5 % = 1.500 - (5 % de 1.500) = 1.500 - 75 = 1.425 euros. Por lo tanto:

– Los 1.425 euros quedarían exentos del IS.

– Los 75 euros estarían sometidos a tributación. Como la sociedad perceptora aplica el tipo general del IS, del 25 %, puede decirse que su tributación efectiva por dichos dividendos sería de 18,75 euros (75 euros x 25 %).

RESOLUCIONES ADMINISTRATIVAS

Consulta vinculante de la Dirección General de Tributos (V0654-25), de 10 de abril de 2025

Asunto: alcance cuantitativo de la exención del artículo 21.1 de la LIS.

«(...) a efectos de aplicar la exención prevista en el artículo 21.1 de la LIS, el importe del ingreso fiscal que deba computarse en la base imponible de la entidad consultante se reducirá en un 5%, en concepto de gastos de gestión referidos a la participación de la que proceden los dividendos distribuidos, tal y como establece el artículo 21.10 de la LIS, previamente transcrito. A estos efectos, debe traerse a colación la interpretación dada por este Centro Directivo al precepto en la contestación a consulta vinculante V2138-24, donde se puso de manifiesto que la del artículo 21 de la LIS "se trata de una exención plena, si bien, a efectos del cálculo de la renta con derecho a exención, el importe de los dividendos o de la renta positiva derivada de la transmisión deberá minorarse un 5% en concepto de gastos de gestión de la participación"».

Consulta vinculante de la Dirección General de Tributos (V1845-24), de 2 de agosto de 2024

Asunto: ¿el 5 % de reducción por gastos de gestión que se aplica en la exención por cobro de dividendos del artículo 21 de la LIS debe sumarse al resultado de explotación para determinar el beneficio operativo a efectos del límite a la deducibilidad de los gastos financieros previsto en el artículo 16 de la LIS?

«El artículo 16.1 de la Ley 27/2014, de 27 de noviembre, del Impuesto sobre Sociedades (en adelante, LIS), determina que:

"1. Los gastos financieros netos serán deducibles con el límite del 30 por ciento del beneficio operativo del ejercicio.

A estos efectos, se entenderá por gastos financieros netos el exceso de gastos financieros respecto de los ingresos derivados de la cesión a terceros de capitales propios devengados en el período impositivo, excluidos aquellos gastos no deducibles a que se refieren las letras g) y h) del artículo 15 y el artículo 15 bis de esta ley.

El beneficio operativo se determinará a partir del resultado de explotación de la cuenta de pérdidas y ganancias del ejercicio determinado de acuerdo con el Código de Comercio y demás normativa contable de desarrollo, eliminando la amortización del inmovilizado, la imputación de subvenciones de inmovilizado no financiero y otras, el deterioro y resultado por enajenaciones de inmovilizado, y adicionando los ingresos financieros de participaciones en instrumentos de patrimonio, siempre que se co-

rrespondan con dividendos o participaciones en beneficios de entidades en las que el porcentaje de participación, directo o indirecto, sea al menos el 5 por ciento, excepto que dichas participaciones hayan sido adquiridas con deudas cuyos gastos financieros no resulten deducibles por aplicación de la letra h) del apartado 1 del artículo 15 de esta ley. En ningún caso, formarán parte del beneficio operativo los ingresos, gastos o rentas que no se hubieran integrado en la base imponible de este Impuesto.

En todo caso, serán deducibles gastos financieros netos del período impositivo por importe de 1 millón de euros.

Los gastos financieros netos que no hayan sido objeto de deducción podrán deducirse en los períodos impositivos siguientes, conjuntamente con los del período impositivo correspondiente, y con el límite previsto en este apartado."

Este artículo fue modificado, con efectos para los periodos impositivos que se inicien a partir del 1 de enero de 2024, con el fin de adecuar la normativa española al artículo 4 de la Directiva (UE) 2016/1164 del Consejo, de 12 de julio de 2016, por la que se establecen normas contra las prácticas de elusión fiscal que inciden directamente en el funcionamiento del mercado interior (en adelante, "la Directiva"). La modificación se llevó a cabo mediante la disposición final quinta de la Ley 13/2023, de 24 de mayo, por la que se modifican la Ley 58/2003, de 17 de diciembre, General Tributaria, en transposición de la Directiva (UE) 2021/514 del Consejo de 22 de marzo de 2021, por la que se modifica la Directiva 2011/16/UE relativa a la cooperación administrativa en el ámbito de la fiscalidad, y otras normas tributarias.

(…)

(…) dado que en el supuesto concreto planteado parecen cumplirse los requisitos establecidos en el artículo 21.1 de la LIS (así se manifiesta en el escrito de consulta) y no parecen concurrir las circunstancias previstas en el artículo 21.11 del mismo texto legal, procederá aplicar lo dispuesto en el artículo 21.10 de la LIS, por lo que los dividendos que gozarán de exención plena, con arreglo a lo dispuesto en el artículo 21.1 de la LIS, deberán minorarse en el 5 por ciento de su importe, en concepto de gastos de gestión de las participaciones correspondientes.

En definitiva, **en la medida en que la renta (ingreso minorado en los correspondientes gastos de gestión) derivada de los dividendos percibidos goza de exención plena, en los términos establecidos en el artículo 21 de la LIS, su importe deberá excluirse del cálculo del beneficio operativo del período,** con arreglo a lo dispuesto en el último inciso del párrafo tercero del artículo 16.1 de la LIS, puesto que la renta no integrada en la base imponible del período, de forma definitiva, debe quedar excluida del cálculo del beneficio operativo».

2.2. Exención sobre la renta obtenida en la transmisión de valores de entidades residentes y no residentes en territorio español

La exención en IS por transmisión de acciones o participaciones en entidades

Cuando una sociedad transmita las participaciones en otras entidades de las que sea titular podrá obtener una ganancia o plusvalía, o bien un pérdida, que en principio debería integrar en su Impuesto sobre Sociedades. Sin embargo, la normativa de dicho impuesto declara exentas las rentas positivas que se le generen a una sociedad por la transmisión de valores representativos de los fondos propios de entidades, siempre que concurran una serie de condiciones. Asimismo, la LIS también establece el tratamiento fiscal que habrá que dar a las rentas negativas que este tipo de operaciones puedan suponer.

2.2.1. Requisitos de aplicación

Requisitos básicos para aplicar la exención en IS de las plusvalías por transmisión de acciones o participaciones en entidades

El apartado 3 del artículo 21 de la LIS declara **exenta la renta positiva obtenida en la transmisión de la participación en una entidad**, siempre que se cumplan los **requisitos que el apartado 1 del precepto establece para la exención de los dividendos o participaciones en beneficios de entidades, aunque con algunas particularidades** que después veremos.

En general, los requisitos para la exención de los dividendos o participaciones en beneficios de entidades ya se analizaron en el apartado anterior del índice, así que, para no repetirnos, nos remitimos a lo allí apuntado. En este punto nos limitaremos a recordar muy brevemente en qué consistía cada uno de esos requisitos y a destacar las particularidades con las que se aplicarán de cara a la exención de las plusvalías por transmisión de acciones o participaciones:

- **Porcentaje de participación significativa** (al menos, el 5 %; existiendo un régimen transitorio en la D.T. 40.ª de la LIS para ciertos casos). Este requisito tendrá que cumplirse el día en el que se produzca la transmisión.

- **Período mínimo de tenencia o antigüedad de la participación** (posesión ininterrumpida durante un año). Este requisito también deberá cumplirse el día en el que se produzca la transmisión.

- Requisito específico de **participación indirecta para el caso de que la entidad participada por el contribuyente participe a su vez en otras entidades**, aplicable si la participada obtiene dividendos, participaciones en beneficios o rentas derivadas de la transmisión de valores representativos del capital o de los fondos propios de entidades en más del 70 % de sus ingresos (su aplicación presenta salvedades en ciertos supuestos). Como los requisitos anteriores, este también tendrá que cumplirse el día en el que se produzca la transmisión.

Además, con respecto a este tercer requisito, conviene resaltar que la Dirección General de Tributos viene entendiendo que, en la medida en que la entidad directamente participada por el contribuyente participe, a su vez, en otras entidades, para determinar su condición de entidad *holding* a los efectos de la exención habrá que considerar los ingresos obtenidos por la entidad directamente participada en el ejercicio en el que la misma se transmite [consultas vinculantes (V2138-24), de 3 de octubre de 2024; (V1907-24), de 22 de agosto de 2024; y (V1903-24), de 21 de agosto de 2024]. Si efectivamente en dicho ejercicio se supera el umbral del 70 % antes referido, sería necesario que la participación del socio último en las entidades indirectamente participadas, en la fecha de la transmisión, respete el porcentaje mínimo del 5 % y que se haya poseído de forma ininterrumpida durante el año anterior.

- Requisito adicional de **tributación mínima previsto en el apartado 1.b) del artículo 21 de la LIS si la participada no reside en territorio español** (referido a que dicha entidad haya estado sujeta y no exenta por un impuesto extranjero de naturaleza idéntica o análoga al IS a un tipo nominal de, al menos, el 10 % en el ejercicio; su cumplimiento se presume en ciertos casos y se endurece si la filial reside en una jurisdicción no cooperativa). Para la exención del artículo 21.3 de la LIS, este requisito deberá ser cumplido en todos y cada uno de los ejercicios de tenencia de la participación.

A TENER EN CUENTA. Cuando este último requisito no se cumpla en alguno o algunos de los ejercicios de tenencia de la participación, la exención se aplicará parcialmente, en los términos que luego se estudiarán.

El cumplimiento de los distintos requisitos que se exigen para la exención es una cuestión de hecho que deberá ser probada por cualquier medio de prueba admitido en derecho, ante los órganos competentes en materia de comprobación de la Administración tributaria.

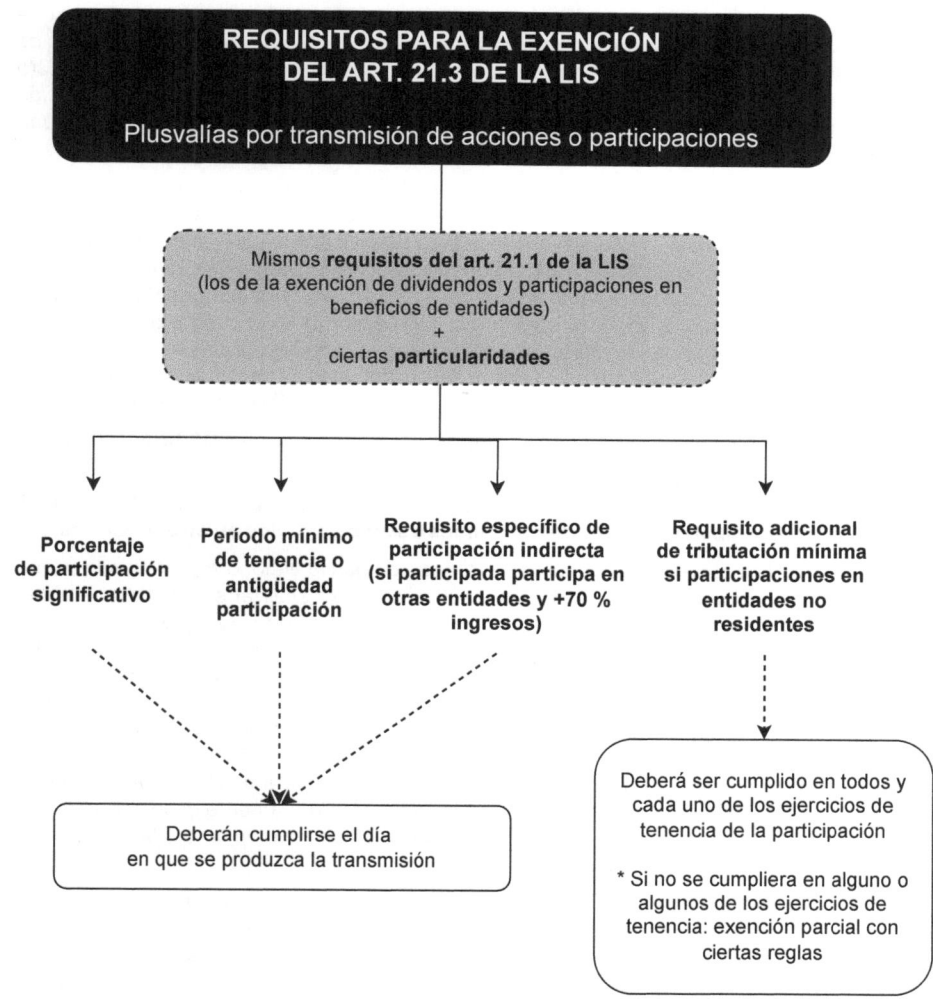

REQUISITOS PARA LA EXENCIÓN DEL ART. 21.3 DE LA LIS

Plusvalías por transmisión de acciones o participaciones

Mismos **requisitos del art. 21.1 de la LIS** (los de la exención de dividendos y participaciones en beneficios de entidades) + ciertas **particularidades**

Porcentaje de participación significativo

Período mínimo de tenencia o antigüedad participación

Requisito específico de participación indirecta (si participada participa en otras entidades y +70 % ingresos)

Requisito adicional de tributación mínima si participaciones en entidades no residentes

Deberán cumplirse el día en que se produzca la transmisión

Deberá ser cumplido en todos y cada uno de los ejercicios de tenencia de la participación

* Si no se cumpliera en alguno o algunos de los ejercicios de tenencia: exención parcial con ciertas reglas

RESOLUCIONES ADMINISTRATIVAS

Consulta vinculante de la Dirección General de Tributos (V2292-24), de 30 de octubre de 2024

Asunto: examen del cumplimiento o incumplimiento de los requisitos básicos para la exención en IS de las plusvalías por venta de participaciones en una sociedad.

«*La presente contestación parte de la consideración de que la sociedad B no tiene la consideración de entidad holding, de acuerdo con lo dispuesto en el artículo 21.1 de la LIS, dada la ausencia de información.*

La aplicación del régimen de exención requiere que el día en que se produzca la transmisión se cumplan los requisitos de participación significativa y período de tenencia establecidos en la letra a) del artículo 21.1 de la LIS. El requisito previsto en la letra b) del mismo apartado y artículo deberá ser cumplido en todos y cada uno de los ejercicios de tenencia de la participación.

41

A efectos de determinar la antigüedad de las participaciones, en la fecha en que se produzca la transmisión, deberá estarse a la antigüedad del antiguo tenedor de la participación (el administrador único de la Sociedad A), conforme a lo dispuesto en el artículo 80 de la LIS, ya que se parte de la consideración de que la operación de canje de valores efectuada en mayo de 2020 se acogió al régimen de neutralidad fiscal, previsto en el Capítulo VII del Título VII de la LIS.

Adicionalmente, dado que la Sociedad A adquirió las participaciones en la Sociedad B mediante un canje de valores efectuado por el administrador único de la Sociedad A, en la medida en que le resulte de aplicación el régimen de neutralidad fiscal del Capítulo VII del Título VII de la LIS, deberá tenerse en cuenta la especialidad contenida en el artículo 21.4.b) de la LIS. Sin embargo, en principio, este precepto no parce ser de aplicación en el caso descrito en el cuerpo de la consulta, puesto que el canje de valores se produjo en mayo de 2020, es decir, la transmisión se pretende efectuar cuando hayan transcurrido más de dos años desde la aportación de dichas participaciones por el administrador único de la Sociedad A a esta».

Consulta vinculante de la Dirección General de Tributos (V1903-24), de 21 de agosto de 2024

Asunto: requisito específico exigido para la exención del artículo 21.3 de la LIS si la participada que reparte dividendos a su vez participa en otras entidades.

«(...) en el presente supuesto, se informa de que la entidad A participa, a su vez, en las entidades B y C, por lo que resultaría preciso analizar si la entidad A obtiene dividendos, participaciones en beneficios o rentas derivadas de la transmisión de valores representativos del capital o de los fondos propios de entidades en más del 70% de sus ingresos. Este porcentaje del 70% se calcula sobre los ingresos que resulten del resultado consolidado que se derivan de la cuenta de pérdidas y ganancias consolidada, cuando la entidad directamente participada sea dominante de un grupo, según los criterios establecidos en el artículo 42 del Código de Comercio y formule cuentas anuales consolidadas. En caso de superarse el referido porcentaje del 70%, deberán analizarse las participaciones indirectamente poseídas a efectos de determinar si, respecto de ellas, se cumple el requisito de porcentaje de participación mínimo y antigüedad.

Tomando en consideración lo anterior, resulta preciso traer a colación en este punto el criterio manifestado por este Centro Directivo (entre otras, en su consulta vinculante V0059-20, de 14 de enero de 2020), con arreglo al cual, en la medida en que la entidad directamente participada participe, a su vez, en otras entidades, a efectos de determinar la condición de entidad holding, deberán tenerse en cuenta los ingresos obtenidos por la entidad directamente participada en el ejercicio en el que la misma se transmite. De ser así, será necesario que la participación que el socio último ostente en las entidades indirectamente participadas, en el período impositivo en que se lleve a cabo la transmisión, respete el porcentaje mínimo del 5% y que se haya ostentado de forma ininterrumpida durante el año anterior. De cumplirse con estos requisitos, la plusvalía puesta de manifiesto con ocasión de la transmisión de la participación en la entidad A que se corresponda con rentas o dividendos derivados de las entidades indirectamente participadas, estará exenta de tributación. En caso contrario, no tendría derecho a la aplicación del régimen de exención.

*En el caso concreto, la consultante informa de que, **en el año 2022 – año de transmisión de la participación en la entidad A –**, esta última habría obtenido dividendos, participaciones en beneficios o rentas derivadas de la transmisión de valores representativos del capital o de los fondos propios de entidades en más del 70% de sus ingresos, por lo que tendría la consideración de holding en el momen-*

to de la transmisión. En consecuencia, sería necesario que, en dicho momento, la consultante cumpliese con el requisito de porcentaje de participación mínimo y antigüedad respecto de las entidades indirectamente participadas, esto es, las entidades B y C. En este caso, la consultante ostenta un porcentaje de participación indirecto de un 5% en B y de un 2,5% en C, por lo que solo se cumpliría el requisito de participación indirecta respeto de la primera. Sin embargo, se desconoce la antigüedad de las participaciones en B y C, por lo que este Centro Directivo no se puede pronunciar sobre el cumplimiento del requisito de antigüedad respecto de las entidades indirectamente participadas».

2.2.2. Supuestos de exención parcial

¿Cuándo se aplicará parcialmente la exención en IS de las plusvalías por transmisión de acciones o participaciones en entidades?

Como se adelantaba en el apartado anterior del índice, si **en alguno o algunos de los ejercicios de tenencia de la participación no se cumpliera el requisito de tributación mínima exigible cuando la participada no resida en territorio español** [previsto en el apartado 1.b) del artículo 21 de la LIS], la exención se aplicará de forma parcial, conforme a las siguientes reglas:

- Respecto de aquella parte de la renta que se corresponda con un incremento neto de beneficios no distribuidos generados por la entidad participada durante el tiempo de tenencia de la participación, se considerará exenta aquella parte que se corresponda con los beneficios generados en aquellos ejercicios en los que se cumpla el requisito.

- Respecto de aquella parte de la renta que no se corresponda con un incremento neto de beneficios no distribuidos generados por la entidad participada durante el tiempo de tenencia de la participación, la misma se entenderá generada de forma lineal, salvo prueba en contrario, durante el tiempo de tenencia de la participación, considerándose exenta aquella parte que proporcionalmente se corresponda con la tenencia en los ejercicios en que se haya cumplido el requisito al que nos venimos refiriendo.

Asimismo, la exención se aplicará parcialmente en el caso de transmisión de la participación en el capital o en los fondos propios de una entidad residente o no residente en territorio español que, **a su vez, participara en dos o más entidades respecto de las que solo en alguna o algunas de ellas se cumplieran los requisitos** previstos en las letras a) o b) del artículo 21.1 de la LIS. Entonces, la exención de la renta positiva obtenida en la transmisión de la participación se aplicará del siguiente modo:

- Respecto de aquella parte de la renta que se corresponda con un incremento neto de beneficios no distribuidos generados por las entidades indirectamente participadas durante el tiempo de tenencia de la participación, se considerará exenta aquella parte de la renta que se corresponda con los beneficios generados por las entidades en las que se cumpla el requisito adicional establecido en el artículo 21.1.b) de la LIS

- Respecto de aquella parte de la renta que no se corresponda con un incremento neto de beneficios no distribuidos generados por las entidades indirectamente participadas durante el tiempo de tenencia de la participación, se considerará exenta aquella parte que proporcionalmente sea atribuible a las entidades en que se haya cumplido el requisito establecido en el artículo 21.1.b) de la LIS

La **parte de la renta que no tenga derecho a la exención** se integrará en la base imponible, teniendo derecho a la deducción para evitar la doble imposición jurídica del artículo 31 de la LIS, en caso de proceder su aplicación, siempre que se cumplan los requisitos necesarios para ello. Sin embargo, a los efectos de lo establecido en la letra a) del apartado 1 del artículo 21 de la LIS, se tomará exclusivamente el importe efectivo de lo satisfecho en el extranjero por razón de gravamen de naturaleza idéntica o análoga al IS, por la parte que proporcionalmente se corresponda con la renta que no tenga derecho a la exención correspondiente a aquellos ejercicios o entidades respecto de los que no se haya cumplido el requisito establecido en la letra b) del apartado 1 del artículo 21 de la LIS, en relación con la renta total obtenida en la transmisión de la participación.

2.2.3. Especialidades aplicables cuando la participación se hubiera valorado conforme al régimen FEAC

Reglas a tener en cuenta cuando las participaciones que se transmiten se beneficiaron del régimen de neutralidad fiscal del capítulo VII del título VII de la LIS

La exención del apartado 3 del artículo 21 de la LIS se aplicará con las siguientes especialidades en los casos que se indican a continuación (apartado 4 del artículo 21 de la LIS):

> **A TENER EN CUENTA**. Como puntualización previa, conviene señalar que el régimen de neutralidad o diferimiento fiscal, también conocido como régimen FEAC se regula en el capítulo VII del título VII de la LIS (artículos 76 a 89). Constituye un régimen especial que permite diferir la tributación de las rentas latentes en los elementos patrimoniales transmitidos como consecuencia de ciertas operaciones de reestructuración (como serían, por ejemplo, las aportaciones no dinerarias o los canjes de valores). Ahora bien, su aplicación no es automática ni carente de riesgos: depende de que las operaciones se efectúen en los términos que contempla la normativa, con las condiciones exigidas en cada caso, y de que la operación realizada no tenga como principal objetivo el fraude o la evasión fiscal (en particular, no podrá aplicarse cuando la operación no se efectúe por «motivos económicos válidos» que las justifiquen; cuestión sobre la que existen amplios pronunciamientos doctrinales y jurisprudenciales).

- Supuesto en el que la participación en la entidad hubiera sido valorada conforme a las reglas del régimen FEAC y la **aplicación de dichas reglas hubiera determinado la no integración de rentas en la base imponible del IS o del IRNR** derivadas de:

  » La aportación de la participación en una entidad que no cumpla los tres primeros requisitos para la exención (porcentaje de participación, período mínimo de tenencia y requisito específico de participación indirecta si la participada participa a su vez en otras entidades) o bien que no cumpla, total o parcialmente al menos en algún ejercicio, el requisito adicional previsto en el apartado 1.b) del artículo 21 de la LIS (requisito de tributación mínima cuando la participada no reside en territorio español).

  » La aportación no dineraria de otros elementos patrimoniales distintos a las participaciones en el capital o fondos propios de entidades.

  En este caso, la exención no se aplicará sobre la renta diferida en la entidad transmitente como consecuencia de la operación de aportación, salvo que se acredite que la entidad adquirente ha integrado esa renta en su base imponible.

- Supuesto en el que la participación en la entidad hubiera sido valorada conforme a las reglas del régimen FEAC y la aplicación de dichas reglas hubiera determinado la **no integración de rentas en la base imponible del IRPF** derivadas de la aportación de participaciones en entidades. Dado este caso, cuando las referidas participaciones sean objeto de **transmisión en los dos años posteriores** a la fecha en que se realizó la operación de aportación, la exención no se aplicará sobre la diferencia positiva entre el valor fiscal de las participaciones recibidas por la entidad adquirente y el valor de mercado en el momento de su adquisición, salvo que se acredite que las personas físicas han transmitido su participación en la entidad durante el referido plazo.

CUESTIÓN

¿Cómo se valoran las participaciones aportadas a una sociedad *holding* en el marco de una operación de reestructuración acogida al régimen FEAC?

Cuando a la operación en virtud de la cual la sociedad holding hubiera adquirido sus participaciones en la filial le hubiera resultado de aplicación el régimen de diferimiento fiscal previsto en el capítulo VII del título VII de la LIS, las participaciones recibidas por la *holding* mantendrían la fecha y el valor de adquisición que tenían en el patrimonio de los aportantes [artículos 78 y 80 de la LIS].

RESOLUCIONES ADMINISTRATIVAS

Consulta vinculante de la Dirección General de Tributos (V2292-24), de 30 de octubre de 2024

Asunto: no se aplica la limitación del apartado 4.b) del artículo 21 de la LIS cuando la transmisión de las participaciones se realiza pasados dos años desde la operación de aportación acogida al régimen FEAC.

«A efectos de determinar la antigüedad de las participaciones, en la fecha en que se produzca la transmisión, deberá estarse a la antigüedad del antiguo tenedor de la participación (el administrador único de la Sociedad A), conforme a lo dispues-

to en el artículo 80 de la LIS, ya que se parte de la consideración de que la operación de canje de valores efectuada en mayo de 2020 se acogió al régimen de neutralidad fiscal, previsto en el Capítulo VII del Título VII de la LIS.

Adicionalmente, dado que la Sociedad A adquirió las participaciones en la Sociedad B mediante un canje de valores efectuado por el administrador único de la Sociedad A, en la medida en que le resulte de aplicación el régimen de neutralidad fiscal del Capítulo VII del Título VII de la LIS, deberá tenerse en cuenta la especialidad contenida en el artículo 21.4.b) de la LIS. Sin embargo, en principio, este precepto no parece ser de aplicación en el caso descrito en el cuerpo de la consulta, puesto que el canje de valores se produjo en mayo de 2020, es decir, **la transmisión se pretende efectuar cuando hayan transcurrido más de dos años desde la aportación de dichas participaciones** por el administrador único de la Sociedad A a esta».

Consulta vinculante de la Dirección General de Tributos (V0017-24), de 13 de febrero de 2024

Asunto: posible incidencia que puede tener una venta de participaciones realizada tras una operación de reestructuración acogida al régimen FEAC a la hora de valorar si dicha operación de reestructuración respondió a «motivos económicos válidos» a efectos de aplicar el régimen fiscal especial.

«Este precepto recoge de forma expresa la razón de ser del régimen especial de las fusiones, escisiones, aportaciones de activos, canje de valores y cambio de domicilio social de una Sociedad Europea o una Sociedad Cooperativa Europea de un Estado miembro a otro de la Unión Europea, que justifica que a las mismas les sea de aplicación dicho régimen en lugar del régimen establecido para esas mismas operaciones en el artículo 17 de la LIS. El fundamento del régimen fiscal reside en que la fiscalidad no debe ser un freno ni un estímulo en las tomas de decisiones de las empresas sobre operaciones de reorganización empresarial.

Por el contrario, **cuando el objetivo principal que se persiga con la operación de reestructuración sea lograr una ventaja fiscal, no resultará de aplicación el régimen fiscal** regulado en el Capítulo VII del Título VII de la LIS, debiendo eliminarse la ventaja fiscal perseguida, en los términos previstos en el párrafo segundo del artículo 89.2 de la LIS.

La **apreciación de los motivos por los que se llevan a cabo las operaciones de reestructuración** son cuestiones de hecho que deberán ser apreciadas por los órganos competentes en materia de comprobación e investigación, atendiendo a las **circunstancias concurrentes en cada caso concreto, tanto anteriores como simultáneas o posteriores**, en línea con lo señalado por el Tribunal de Justicia de la Unión Europea en reiterada jurisprudencia (ver, por todas, sentencia Euro Park Service, de 8 de marzo de 2017, en el asunto C-14/16).

Al margen de lo anterior, en el escrito de consulta se indica que, en un futuro, se plantea la posible enajenación de las acciones de la Sociedad A por parte de la Sociedad B, o, en su caso, la enajenación (por venta o donación) de las participaciones en la Sociedad B.

Si bien **las posibles transmisiones proyectadas podrían tener incidencia en la determinación de los motivos perseguidos para llevar a cabo la operación de canje** planteada, lo cierto es que no existen datos suficientes para analizar las implicaciones de tales transmisiones, por lo que serán los órganos competentes en materia de comprobación quienes deberán analizar y valorar las transmisiones que, en su caso, se lleven a cabo finalmente a cabo.

En todo caso, debe a traerse a colación, en este punto, lo dispuesto en el artículo 21.4 b) de la LIS, en el supuesto de que finalmente la sociedad B decidiera transmitir sus participaciones en la sociedad A»

2.2.4. Exclusiones

Supuestos en los que no se podrá aplicar la exención del artículo 21.3 de la LIS

La **exención no se aplicará** en los siguientes supuestos (apartado 5 del artículo 21 de la LIS):

- A aquella parte de las rentas derivadas de la transmisión de la participación, directa o indirecta, en una entidad que tenga la consideración de **entidad patrimonial** en los términos del apartado 2 del artículo 5 de la LIS, que no se corresponda con un incremento de beneficios no distribuidos generados por la entidad participada durante el tiempo de tenencia de la participación. Es decir, como bien indica la consulta vinculante de la DGT (V2292-24), de 30 de octubre de 2024, si la filial tuviera la condición de entidad patrimonial en alguno o algunos de los períodos impositivos, la exención podría aplicarse con respecto a:

  » La parte de la renta obtenida como consecuencia de la transmisión de la participación que se corresponda con un incremento de beneficios no distribuidos generados por la participada durante el tiempo de tenencia de la participación.

  » Y a la parte de la renta que no derive de los beneficios no distribuidos generada por la entidad participada durante los períodos impositivos en los que no tuviera la condición de entidad patrimonial

- A aquella parte de las rentas derivadas de la transmisión de la participación en una **agrupación de interés económico española o europea**, que no se corresponda con un incremento de beneficios no distribuidos generados por la entidad participada durante el tiempo de tenencia de la participación.

- A las rentas derivadas de la transmisión de la participación, directa o indirecta, en una **entidad que cumpla los requisitos establecidos en el artículo 100 de la LIS**, siempre que, al menos, el 15 % de sus rentas queden sometidas al régimen de transparencia fiscal internacional regulado en ese precepto. A tenor de dicho artículo 100 de la LIS, que regula el régimen especial de transparencia fiscal:

  «1. Los contribuyentes imputarán en su base imponible las rentas positivas a que se refieren los apartados 2 o 3 de este artículo cuando se cumplan las circunstancias siguientes:

  a) Que por sí solos o conjuntamente con personas o entidades vinculadas en el sentido del artículo 18 de esta Ley tengan una participación igual o superior al 50 por ciento en el capital, los fondos propios, los resultados o los derechos de voto de una entidad no residente en territorio español, en la fecha del cierre del ejercicio social de esta última.

  b) Que el importe satisfecho por la entidad no residente en territorio español, imputable a alguna de las clases de rentas previstas en el apartado 2 o 3 de este artículo por razón de gravamen de naturaleza idéntica o análoga a este Impuesto, sea inferior al 75 por ciento del que hubiera correspondido de acuerdo con las normas de aquel.

Esta imputación también procederá cuando dichas rentas sean obtenidas a través de un establecimiento permanente si se da la circunstancia prevista en la letra b) de este apartado sin que, en este caso, resulte de aplicación la exención prevista en el artículo 22 de esta Ley.

(...)».

> **A TENER EN CUENTA**. Cuando las **circunstancias señaladas en los puntos primero o último se cumplan solo en alguno o algunos de los períodos impositivos** de tenencia de la participación, no se aplicará la exención respecto de aquella parte de las rentas a que se refieren dichos puntos que proporcionalmente se corresponda con aquellos períodos impositivos.

Además, la exención **tampoco se aplicará a las siguientes rentas,** según se desprende del apartado 9 del artículo 21 de la LIS:

- A las rentas distribuidas por el fondo de regulación de carácter público del mercado hipotecario.

- A las rentas obtenidas por agrupaciones de interés económico españolas y europeas, y por uniones temporales de empresas, cuando, al menos uno de sus socios, tenga la condición de persona física.

- A las rentas de fuente extranjera que la entidad integre en su base imponible y en relación con las cuales opte por aplicar, si procede, la deducción establecida en los artículos 31 o 32 de la LIS (**deducciones para evitar la doble imposición internacional**). Según indica la DGT en su consulta vinculante (V2138-24), de 3 de octubre de 2024, «la aplicación del régimen de exención del artículo 21 de la LIS o la aplicación del régimen de imputación respecto de las rentas de fuente extranjera es, en todo caso, una opción que deberá ejercitar el contribuyente, en los términos previstos en el artículo 119.3 de la Ley 58/2003, de 17 de diciembre, General Tributaria». Una posición que también parece acoger la Audiencia Nacional, a la vista de su sentencia n.° 233/2016, de 5 de mayo, ECLI:ES:AN:2016:1958.

> **CUESTIÓN**
>
> **¿Qué es una entidad patrimonial?**
>
> A los efectos de la LIS, el apartado 2 del artículo 5 de la LIS señala que se entenderá por entidad patrimonial y que, por lo tanto, **no realiza una actividad económica,** aquella en la que más de la mitad de su activo esté constituido por valores o no esté afecto, en los términos del apartado 1 del mismo precepto, a una actividad económica. Dicho apartado 1 establece lo siguiente:
>
> *«1. Se entenderá por actividad económica la ordenación por cuenta propia de los medios de producción y de recursos humanos o de uno de ambos con la finalidad de intervenir en la producción o distribución de bienes o servicios.*
>
> *En el caso de arrendamiento de inmuebles, se entenderá que existe actividad económica, únicamente cuando para su ordenación se utilice, al menos, una persona empleada con contrato laboral y jornada completa.*

En el supuesto de entidades que formen parte del mismo grupo de sociedades según los criterios establecidos en el artículo 42 del Código de Comercio, con independencia de la residencia y de la obligación de formular cuentas anuales consolidadas, el concepto de actividad económica se determinará teniendo en cuenta a todas las que formen parte del mismo».

El valor del activo, de los valores y de los elementos patrimoniales no afectos a una actividad económica será el que se deduzca de la media de los balances trimestrales del ejercicio de la entidad o, en caso de que sea dominante de un grupo según los criterios establecidos en el artículo 42 del Código de Comercio, con independencia de la residencia y de la obligación de formular cuentas anuales consolidadas, de los balances consolidados. A estos efectos, no se computarán, en su caso, el dinero o derechos de crédito procedentes de la transmisión de elementos patrimoniales afectos a actividades económicas o valores a los que luego se hará referencia, que se haya realizado en el período impositivo o en los dos períodos impositivos anteriores.

Por otra parte, no se computarán como valores:

– Los poseídos para dar cumplimiento a obligaciones legales y reglamentarias.

– Los que incorporen derechos de crédito nacidos de relaciones contractuales establecidas como consecuencia del desarrollo de actividades económicas.

– Los poseídos por sociedades de valores como consecuencia del ejercicio de la actividad constitutiva de su objeto.

– Los que otorguen, al menos, el 5 % del capital de una entidad y se posean durante un plazo mínimo de un año, con la finalidad de dirigir y gestionar la participación, siempre que se disponga de la correspondiente organización de medios materiales y personales, y la entidad participada no tenga la consideración de patrimonial. Esta condición se determinará teniendo en cuenta a todas las sociedades que formen parte de un grupo de sociedades según los criterios del artículo 42 del Código de Comercio, con independencia de la residencia y de la obligación de formular cuentas anuales consolidadas.

RESOLUCIONES ADMINISTRATIVAS

Consulta vinculante de la Dirección General de Tributos (V2367-24), de 18 de noviembre de 2024

Asunto: importancia de considerar las exclusiones y limitaciones de los apartados 5 y 9 del artículo 21 de la LIS para determinar si cabe la exención en IS de las plusvalías por transmisión de participaciones en una entidad.

«En el caso concreto planteado en el escrito de consulta no se facilita información suficiente que permita determinar si se cumplen o no los requisitos del artículo 21 de la LIS – más allá de que la consultante manifiesta ostentar un porcentaje de participación, directo e indirecto, superior al 5% en las entidades en las que participa y que la misma parece tener la consideración de sociedad holding, puesto que más del 70% de sus ingresos proceden de dichas participaciones –, por lo que este Centro directivo no puede pronunciarse sobre el cumplimiento de lo previsto en el artículo 21 de la LIS. En efecto, no existen datos acerca del período de tenencia de las participaciones ni información acerca de la residencia de las entidades participadas.

En consecuencia, solo en la medida en que se cumplieran todos y cada uno de los requisitos del artículo 21 de la LIS reproducidos supra, y siempre y cuando, en caso de plusvalía derivada de la transmisión, no se dieran ninguna de las circunstancias previstas en el apartado 4 ni se incurriera en alguno de los supuestos previstos en el apartado 5, todos ellos del mismo precepto, la consultante podría apli-

car la referida exención, tanto respecto de los dividendos como de las plusvalías derivadas de tales participaciones.

En todo caso, el cumplimiento de todos y cada uno de los requisitos previstos en el artículo 21 de la LIS es una cuestión de hecho que deberá ser acreditada, por cualquier medio de prueba admisible en Derecho, ante los órganos competentes en materia de comprobación de la Administración tributaria».

Consulta vinculante de la Dirección General de Tributos (V2138-24), de 3 de octubre de 2024

Asunto: para aplicar la exención del artículo 21.3 de la LIS, habrá que tener en cuenta si la entidad cumple o no los requisitos del artículo 100 de la LIS.

«(...) aun cuando pudiera resultar de aplicación la exención prevista en el artículo 21.3 de la LIS, se debe analizar, en todo caso, la posible aplicación de la limitación contenida en la letra c) del apartado 5 del mismo precepto, por lo que debe analizarse, en todo caso, si la entidad C pudiera cumplir los requisitos establecidos en el artículo 100 de la LIS en alguno o algunos de los períodos de tenencia de la participación en C.

En efecto, solo en la medida en que se cumplieran los requisitos previamente analizados (artículo 21.1 LIS), con ocasión de la transmisión de la participación en C, en los términos previamente analizados, y siempre y cuando la entidad C no cumpliera los requisitos del artículo 100 de la LIS en ninguno de los periodos de tenencia de la participación, la plusvalía que pudiera ponerse de manifiesto con ocasión de la transmisión por la consultante de la participación que ostenta en la entidad C podría beneficiarse de la exención regulada en el artículo 21.3 de la LIS, si bien el importe de la renta positiva obtenida en la transmisión se reduciría, a efectos de la aplicación de la exención, en un 5% en concepto de gastos de gestión referidos a dicha participación (artículo 21.10 de la LIS)».

2.2.5. Importe que puede acceder a la exención

¿Qué importe podrá disfrutar de la exención del artículo 21.3 de la LIS?

Al igual que sucedía con la exención de los dividendos o participaciones en beneficios de entidades, para los **períodos impositivos iniciados a partir de 1 de enero de 2021**, la Ley 11/2020, de 30 de diciembre, modificó el artículo 21 de la LIS para establecer que los gastos de gestión referidos a las participaciones dejasen de ser deducibles del beneficio imponible del contribuyente. Ello supone que, a los efectos de la exención del apartado 3 del artículo 21 de la LIS, el **importe de la renta positiva obtenida** en la transmisión de la participación en una entidad se **reducirá en un 5 % en concepto de gastos de gestión** referidos a dicha participación (apartado 10 del precepto).

Sin embargo, en este supuesto, frente a lo que ocurría con los dividendos o participaciones en beneficios, **no se contempla la posibilidad de que la exención se aplique sin la reducción** mencionada, por lo que nunca podrá alcanzar al 100 % de las rentas positivas generadas. En la práctica, siempre operará sobre el 95 % del importe de la plusvalía obtenida por la transmisión de las acciones o participaciones. Lo cual se traduciría en una tributación efectiva de la ganancia del 1,25 % en aquellos supuestos en los que el contribuyente aplique el tipo general del IS (del 25 %).

Con todo, la Dirección General de Tributos conceptúa la exención como una exención plena, aunque «a efectos del cálculo de la renta con derecho a exención, el importe de los dividendos o de la renta positiva derivada de la transmisión deberá minorarse un 5% en concepto de gastos de gestión de la participación», tal y como razonó en su consulta vinculante (V2138-24), de 3 de octubre de 2024.

> **RESOLUCIÓN ADMINISTRATIVA**
>
> **Consulta vinculante de la Dirección General de Tributos (V2400-23), de 6 de septiembre de 2023**
>
> **Asunto: el 5 % de reducción en concepto de gastos de gestión no será objeto de eliminación a efectos de determinar la base imponible del grupo fiscal.**
>
> *«(...) en el caso objeto de consulta y de conformidad con el criterio de este Centro Directivo expresado en la consulta V1154-21, en la medida en que se cumplan los requisitos establecidos en el artículo 21.3 de la LIS, y no concurran ninguno de los supuestos previstos en el apartado 4 del referido precepto, procederá la aplicación de lo dispuesto en el artículo 21.10 de la LIS, por lo que tanto el importe de la renta positiva derivada de la transmisión de las participaciones de la entidad B como el importe del dividendo distribuido por la sociedad V, a los que les resultaría, en su caso, de aplicación la exención, se reducirán en un 5 por ciento, en concepto de gastos de gestión, en los términos previstos en el apartado 10 del artículo 21 de la LIS.*
>
> *En consecuencia, tanto la entidad V como la entidad U deberán integrar en sus respectivas bases imponibles individuales el importe que corresponda por aplicación de lo dispuesto en el artículo 21.10 de la LIS, el cual no será objeto de eliminación a efectos de determinar la base imponible del grupo fiscal, en virtud de lo dispuesto en el segundo párrafo del artículo 64 de la LIS».*

2.2.6. Tratamiento de las rentas negativas

Tratamiento en IS de las rentas negativas por transmisión de participaciones en una entidad

No se integrarán en la base imponible del IS las rentas negativas derivadas de la transmisión de la participación en una entidad, respecto de la que **se dé alguna de las circunstancias** que señala el apartado 6 del artículo 21 de la LIS:

- Que se cumplan los requisitos que el artículo 21.3 de la LIS exige para la exención de la renta positiva obtenida en la transmisión de la participación en una entidad. Ahora bien, el requisito relativo al porcentaje de participación se entenderá cumplido cuando el mismo se haya alcanzado en algún momento durante el año anterior al día en que se produzca la transmisión.

- En caso de participación en el capital o en los fondos propios de entidades no residentes en territorio español, que no se cumpla el requisito establecido en el apartado 1.b) del artículo 21 de la LIS (requisito adicional de tributación mínima).

Cuando estos requisitos **se cumplan parcialmente**, en los términos previstos en el artículo 21.3 de la LIS, lo anterior se realizará de manera parcial.

Por lo demás, las rentas negativas derivadas de la transmisión de la participación en entidades que sean **objeto de integración en la base imponible por no producirse ninguna de las circunstancias mencionadas**, contarán con ciertas **especialidades** (apartado 7 del artículo 21 de la LIS):

- En el caso de que la participación hubiera sido previamente transmitida por otra entidad que reúna las circunstancias del artículo 42 del Código de Comercio para formar parte del mismo grupo de sociedades con el contribuyente, con independencia de la residencia y de la obligación de formular cuentas anuales consolidadas, dichas rentas negativas se minorarán en el importe de la renta positiva generada en la transmisión precedente a la que se hubiera aplicado un régimen de exención o de deducción para la eliminación de la doble imposición.

- El importe de las rentas negativas se minorará, en su caso, en el importe de los dividendos o participaciones en beneficios recibidos de la entidad participada a partir del período impositivo que se haya iniciado en el año 2009, siempre que los referidos dividendos o participaciones en beneficios no hayan minorado el valor de adquisición y hayan tenido derecho a la aplicación de la exención prevista en el apartado 1 del artículo 21 de la LIS (exención por dividendos o participaciones en beneficios de entidades).

Por lo que se refiere a la **imputación temporal**, el apartado 10 del artículo 11 de la LIS determina que las rentas negativas derivadas de la transmisión de valores representativos de la participación en el capital o en los fondos propios de entidades, cuando el adquirente sea una entidad del mismo grupo de sociedades según los criterios del artículo 42 del Código de Comercio, con independencia de la residencia y de la obligación de formular cuentas anuales consolidadas, se imputarán en el período impositivo en el que dichos elementos patrimoniales sean transmitidos a terceros ajenos al referido grupo de sociedades, o bien cuando la entidad transmitente o la adquirente dejen de formar parte del mismo. Se imputarán minoradas en el importe de las rentas positivas obtenidas en dicha transmisión a terceros, siempre que, respecto de los valores transmitidos, se den las siguientes circunstancias:

- Que, en ningún momento durante el año anterior al día en que se produzca la transmisión, se cumpla lo establecido en el apartado 1.a) del artículo 21 de la LIS (requisitos de porcentaje de participación significativa, período mínimo de tenencia y participación indirecta para el caso de que la entidad participada por el contribuyente participe a su vez en otras entidades).

- Y que, en caso de participación en el capital o en los fondos propios de entidades no residentes en territorio español, en el período impositivo en el que se produzca la transmisión se cumpla el requisito del apartado 1.b) del artículo 21 de la LIS (requisito de tributación mínima).

La regla anterior resultará de aplicación en el supuesto de transmisión de participaciones en una unión temporal de empresas o en formas de colaboración análogas a estas situadas en el extranjero. Sin embargo, no se aplicará en caso de extinción de la entidad participada, salvo que la misma sea consecuencia de una operación de reestructuración o se continúe en el ejercicio de la actividad bajo cualquier otra forma jurídica.

CUESTIONES

1. En 2021, la sociedad «A» adquirió una participación del 12 % en el capital social de la sociedad «B» por importe de 100.000 euros. Posteriormente, en diciembre de 2023, «A» transmite ese 12 % de participación en «B» a un tercero, recibiendo 115.000 euros. Ambas sociedades son residentes en territorio español. ¿La sociedad «A» tendrá que integrar en su IS esa ganancia?

La transmisión realizada reporta a «A» una ganancia o plusvalía de 15.000 euros, que podría beneficiarse de la exención prevista en el apartado 3 del artículo 21 de la LIS, siempre que se cumplan los requisitos necesarios para ello. En particular, en este supuesto se cumplirían los de porcentaje de participación significativo y de período mínimo de tenencia; pero habría que ver si «B» participa en otras entidades y obtiene dividendos, participaciones en beneficios o rentas derivadas de la transmisión de valores representativos del capital o de los fondos propios de entidades en más del 70 % de sus ingresos (caso en el que también debería cumplirse el requisito de participación indirecta de «A» en las filiales de segundo o ulterior nivel). Asimismo, para que proceda la exención habría que verificar que no se da ninguna de las circunstancias previstas en el apartado 4 del artículo 21 de la LIS y que tampoco se trata de ninguno de los supuestos excluidos de la posibilidad de aplicar la exención (apartados 5 y 9 del precepto).

2. Si la sociedad «A», en lugar de transmitir ese 12 % de participación en «B» por 115.000 euros, lo vendiera por 90.000 euros. ¿Podría integrar la pérdida en su IS?

En tal caso, la transmisión le reportaría a «A» una renta negativa de 10.000 euros, que no se integraría en la base imponible de su IS si se da alguna una de las circunstancias que señala el apartado 6 del artículo 21 de la LIS. En concreto, cuando se cumplan los requisitos que el artículo 21.3 de la LIS exige para la exención de la renta positiva obtenida en la transmisión de la participación.

RESOLUCIÓN ADMINISTRATIVA

Consulta vinculante de la Dirección General de Tributos (V1899-23), de 30 de junio de 2023

Asunto: aplicación de la previsión contenida en el apartado 6 del artículo 21 de la LIS.

«Se plantea la transmisión por parte de la entidad consultante del 10% de las participaciones que la misma ostenta en la entidad X, en favor de la persona física PF1. Dicha transmisión genera una renta negativa.

(...)

*(...) de acuerdo con lo establecido en el artículo 21.6 de la LIS, **dado que la participación que ostenta la entidad consultante en la entidad X, cumple los requisitos establecidos en el apartado 3 de este artículo, la renta negativa derivada de la transmisión de la participación en la entidad X no podrá integrarse en la base imponible** de la entidad consultante».*

2.3. Exención del art. 21.3 de la LIS sobre la renta obtenida en supuestos distintos de transmisiones de valores

La exención en IS de las plusvalías por operaciones societarias distintas de la transmisión de valores y el tratamiento de las pérdidas que puedan generar

La exención del IS que el artículo 21.3 de la LIS establece para las plusvalías generadas por la transmisión de acciones o participaciones en entidades también resultará de aplicación a la renta que se obtenga con motivo de otras operaciones societarias, como la liquidación de la entidad, la separación de los socios, la fusión o la escisión, entre otras.

En los siguientes puntos analizaremos en qué concretos supuestos podrá aplicarse este beneficio fiscal, los requisitos a los que se condiciona y su régimen jurídico básico.

2.3.1. Requisitos de aplicación y régimen de la exención

Requisitos y régimen básico para aplicar la exención del art. 21.3 de la LIS en casos diferentes de la transmisión de valores

El apartado 3 del artículo 21 de la LIS declara exentas del IS las rentas positivas obtenidas en la transmisión de la participación en una entidad, siempre que se cumplan una serie de requisitos. En particular, cuando concurran los **requisitos a los que el artículo 21.1 de la LIS condiciona la exención de los dividendos o participaciones en entidades con ciertas particularidades**, tal y como se estudió en el apartado anterior del índice (al que nos remitimos).

Básicamente, y a modo de simple recordatorio, para aplicar dicha exención sería necesario:

- Porcentaje de participación significativo (al menos, el 5 %; existiendo un régimen transitorio en la D.T. 40.ª de la LIS para ciertos casos). Este requisito tendrá que cumplirse el día en el que se produzca la transmisión.

- Período mínimo de tenencia o antigüedad de la participación (posesión ininterrumpida durante un año). Este requisito también deberá cumplirse el día en el que se produzca la transmisión.

- Requisito específico de participación indirecta para el caso de que la entidad participada por el contribuyente participe a su vez en otras entidades, aplicable si la participada obtiene dividendos, participaciones en beneficios o rentas derivadas de la transmisión de valores representativos del capital o de los fondos propios de entidades en más del 70 % de sus ingresos (su aplicación presenta salvedades en ciertos supuestos). Como los requisitos anteriores, este también tendrá que cumplirse el día en el que se produzca la transmisión.

- Requisito adicional de tributación mínima previsto en el apartado 1.b) del artículo 21 de la LIS si la participada no reside en territorio español (referido a que dicha entidad haya estado sujeta y no exenta por un impuesto extranjero de naturaleza idéntica o análoga al IS a un tipo nominal de, al menos, el 10 % en el ejercicio; su cumplimiento se presume en ciertos casos y se endurece si la filial reside en una jurisdicción no cooperativa). Para la exención del artículo 21.3 de la LIS, este requisito deberá ser cumplido en todos y cada uno de los ejercicios de tenencia de la participación.

> **A TENER EN CUENTA**. El cumplimiento de los requisitos exigidos es una cuestión de hecho, que deberá ser probada por cualquier medio de prueba admitido en derecho ante los órganos competentes en materia de comprobación de la Administración tributaria.

Pues bien, dicho régimen de exención también se aplicará a la **renta obtenida** en los siguientes supuestos:

- **Liquidación** de la entidad.
- **Separación del socio**.
- **Fusión**.
- **Escisión** total o parcial.
- **Reducción de capital**.
- **Aportación no dineraria**.
- **Cesión global de activo y pasivo**.

En general, en todos estos supuestos la exención se aplicará en términos análogos a los vistos para la exención de las rentas obtenidas por la transmisión de acciones o participaciones en entidades. Por ejemplo, aquí la exención también **podrá aplicarse de forma parcial**, según las reglas vistas en el apartado previo; habrá que tener en cuenta las **especialidades que el apartado 4 del precepto establece para los casos en los que la participación se hubiera valorado según las normas del régimen FEAC**; o estará sometida a las mismas **exclusiones** que aquella (tanto las recogidas en el apartado 5 del artículo como las del apartado 9). Con respecto a todas esas cuestiones, nos remitimos a lo visto al abordar la exención de las plusvalías por transmisión de la participación en entidades.

Asimismo, el alcance cuantitativo de la exención también será el mismo. Como consecuencia de la Ley 11/2020, de 30 de diciembre, para los **períodos impositivos iniciados a partir de 1 de enero de 2021**, el importe de la renta positiva obtenida en los supuestos a los que nos venimos refiriendo **se reducirá en un 5 % en concepto de gastos de gestión** relativos a dichas participaciones de cara a aplicar la exención. En consecuencia, cuando la exención proceda, solo podrá aplicarse sobre el 95 % del importe obtenido.

Por lo demás, y en lo que respecta al **tratamiento de las rentas negativas**, la normativa sí que establece una regla específica para el supuesto de extinción de la entidad. La veremos en el siguiente punto.

CUESTIÓN

Si no procediera la exención del artículo 21 de la LIS, ¿cómo afectarían al IS de la sociedad las operaciones societarias antes enumeradas?

La sociedad tendría que integrarlas en su base imponible de acuerdo con las reglas que establece el artículo 17 de la LIS. A modo de simple ejemplo, según sus apartados 4 y 5:

«4. Se valorarán por su valor de mercado los siguientes elementos patrimoniales:

(...)

c) Los transmitidos a los socios por causa de disolución, separación de éstos, reducción del capital con devolución de aportaciones, reparto de la prima de emisión y distribución de beneficios.

d) Los transmitidos en virtud de fusión, y escisión total o parcial, salvo que resulte de aplicación el régimen previsto en el Capítulo VII del Título VII de esta Ley.

(...)

Se entenderá por valor de mercado el que hubiera sido acordado entre partes independientes, pudiendo admitirse cualquiera de los métodos previstos en el artículo 18.4 de esta Ley.

5. En los supuestos previstos en las letras a), b), c) y d) del apartado anterior, la entidad transmitente integrará en su base imponible la diferencia entre el valor de mercado de los elementos transmitidos y su valor fiscal. No obstante, en el supuesto de aumento de capital o fondos propios por compensación de créditos, la entidad transmitente integrará en su base imponible la diferencia entre el importe del aumento de capital o fondos propios, en la proporción que le corresponda, y el valor fiscal del crédito capitalizado.

En los supuestos previstos en las letras e) y f) del apartado anterior, las entidades integrarán en la base imponible la diferencia entre el valor de mercado de los elementos adquiridos y el valor fiscal de los entregados.

En la adquisición a título lucrativo, la entidad adquirente integrará en su base imponible el valor de mercado del elemento patrimonial adquirido.

La integración en la base imponible de las rentas a las que se refiere este artículo se efectuará en el período impositivo en el que se realicen las operaciones de las que derivan dichas rentas».

RESOLUCIÓN ADMINISTRATIVA

Consulta vinculante de la Dirección General de Tributos (V1648-23), de 9 de junio de 2023

Asunto: aplicación de la exención del artículo 21.3 de la LIS en caso de separación de varios socios personas físicas de una entidad.

«En cuanto a la posibilidad de aplicar la exención del artículo 21 de la LIS a la renta derivada de la transmisión por parte de la entidad consultante de las participaciones que ostenta en la entidad F, consecuencia de la separación de tres de sus socios personas físicas (PF2, PF3 y PF4), según el apartado 3 de dicho artículo, estará exenta la renta positiva obtenida en la transmisión de la participación en una entidad cuando se cumplan los requisitos establecidos en el apartado 1 de dicho precepto y, adicionalmente, no se incurra en alguno de los supuestos del apartado 5 del mismo precepto.

En el presente supuesto, de los escasos datos aportados en el escrito de consulta, parece desprenderse que el requisito del porcentaje de participación se cumple ya que, según manifiesta la consultante, ostenta un porcentaje de participación superior al 5% en la entidad F (sin concretar el mismo). Respecto, al periodo de tenencia de la participación, que debe ser superior al año el día en que se produzca la transmisión, del relato de los hechos parece deducirse que se cumple, puesto que la participación se ostenta desde el año de la constitución (año 2000) y como consecuencia de ampliaciones de capital posteriores.

Respecto del requisito establecido en la letra b) del apartado 1 del artículo 21 de la LIS, el mismo se entenderá cumplido en relación con la entidad F, residente en Francia, en la medida en que España tiene suscrito con ese país un Convenio para evitar la doble imposición con cláusula de intercambio de información.

Por otro lado, dado que la participación objeto de transmisión por la entidad consultante R se ostenta como consecuencia de diversas aportaciones realizadas por los socios personas físicas (PF2, PF3 y PF4), ya sea en la escritura de constitución o en ampliaciones de capital posteriores, podría resultar de aplicación la especialidad prevista en el apartado 4 del artículo 21 de la LIS, lo cual no puede desprenderse de la escasa información aportada en el escrito de consulta.

Por lo tanto, en la medida en que se cumplan todos los requisitos previstos en el citado artículo 21 de la LIS, siempre y cuando la entidad F no tuviera la condición de entidad patrimonial y no fuera de aplicación la especialidad que recoge el apartado 4 del mismo, sería de aplicación la exención a la renta que se ponga de manifiesto con ocasión de la transmisión, por la entidad consultante R, de sus participaciones en esta entidad.

Por último, cabe señalar que el importe de la renta positiva obtenida en la transmisión de la participación se reducirá, a efectos de la posible aplicación de la exención, en un 5 por ciento en concepto de gastos de gestión referidos a dicha participación, de acuerdo con lo dispuesto en el apartado 10 del artículo 21 de la LIS».

2.3.2. Tratamiento de las rentas negativas por extinción de la participada

¿Serán deducibles en el IS las rentas negativas que se obtengan cuando la entidad se extinga?

Cuando se produzca la extinción de una sociedad, aquellas otras entidades que participen en su capital social tendrán que integrar en su base imponible la renta que pudiera ponerse de manifiesto por la diferencia entre el valor de mercado de los elementos recibidos y el valor fiscal de la participación anulada, de acuerdo con el apartado 8 del artículo 17 de la LIS.

Ahora bien, para aquellos supuestos en los que la diferencia entre esos dos valores arroje una pérdida, el apartado 8 del artículo 21 de la LIS establece una regla específica: serán **fiscalmente deducibles las rentas negativas generadas en caso de extinción** de la entidad participada, **salvo que la misma sea consecuencia de una operación de reestructuración**. En este caso, el importe de las rentas negativas se minorará en el importe de los dividendos o participaciones en beneficios recibidos de la entidad participada en los 10 años anteriores a la fecha de la extinción, siempre que los referidos dividendos o participaciones en beneficios no hayan minorado el valor de adquisición y hayan tenido derecho a la aplicación de un régimen de exención o de deducción para la eliminación de la doble imposición, por el importe de la misma.

A este respecto, conviene destacar que, tal y como indicó el TEAC en su resolución n.º 8782/2021, de 28 de noviembre de 2023, la norma solo prevé la extinción de la entidad como momento en el que pueden deducirse las rentas negativas. Sin embargo, **no se contempla en cualquier momento anterior, como el de la disolución de la entidad**. No en vano, según el artículo 371 del Real Decreto Legislativo 1/2010, de 2 de julio, por el que se aprueba el texto refundido de la Ley de Sociedades de Capital (LSC):

> «1. La disolución de la sociedad abre el período de liquidación.
> 2. La sociedad disuelta conservará su personalidad jurídica mientras la liquidación se realiza. Durante ese tiempo deberá añadir a su denominación la expresión "en liquidación".
> (...)».

En ese sentido, la resolución antes mencionada razona lo siguiente: «Disuelta la sociedad y una vez finalizado el procedimiento de liquidación, los liquidadores otorgarán escritura pública de extinción que se inscribirá en el Registro Mercantil, no siendo hasta ese momento cuando se produce la pérdida de la personalidad jurídica y, por tanto, cuando se deja de ser sujeto pasivo del IS. La STS de 25 de julio de 2012, en esencia, vino a establecer que es la cancelación de los asientos registrales (practicados antes de la interposición de la demanda) lo que señala el momento de extinción de la personalidad social de una entidad. Y, siguiendo esa misma STS, cabe señalar que una sociedad liquidada y que incluso haya repartido entre sus socios el patrimonio social es, efectivamente, una sociedad vacía y desprovista de contenido, pero resulta necesaria la cancelación (la inscripción en el Registro Mercantil del asiento de cancelación) para determinar de modo claro, en relación con todos los interesados, el momento en que se extingue la sociedad».

Asimismo, también cabe traer a colación la **resolución del TEAC n.º 6459/2020, de 24 de noviembre de 2022**, en la que dicho Tribunal **se plantea la deducibilidad fiscal de las pérdidas producidas por la amortización de las acciones en una entidad financiera producida por la vía de la «resolución»**, sin compensación económica. En particular, en ella se analiza si dichas rentas negativas quedarían dentro del supuesto del artículo 21.8 de la LIS (que permite la deducción de las pérdidas en caso de extinción de la participada) o dentro del artículo 21.6 de la LIS (que impide integrar en la base del IS las pérdidas derivadas de la transmisión de la participación en una entidad cuando se den ciertas circunstancias). Y es que, según ese precepto, quedan exentas del IS las plusvalías obtenidas en la transmisión de participaciones en otras entidades y, de forma recíproca, no pueden incluirse en la base del impuesto las rentas negativas originadas por la transmisión de tales participaciones, pero con una excepción: el supuesto en el que las rentas negativas sean consecuencia de la extinción de la sociedad participada, salvo que la extinción sea debida a una operación de reestructuración.

A TENER EN CUENTA. En concreto, de acuerdo con el apartado 6 del artículo 21 de la LIS, no se integrarán en la base imponible las rentas negativas derivadas de la transmisión de la participación en una entidad, respecto de la que se dé alguna de las siguientes circunstancias:

- Que se cumplan los requisitos que el artículo 21.3 de la LIS exige para la exención de la renta positiva obtenida en la transmisión de la participación en una entidad. Sin embargo, el requisito relativo al porcentaje de participación se entenderá cumplido cuando el mismo se haya alcanzado en algún momento durante el año anterior al día en que se produzca la transmisión.

- En caso de participación en el capital o en los fondos propios de entidades no residentes en territorio español, que no se cumpla el requisito establecido en el apartado 1.b) del artículo 21 de la LIS (requisito adicional de tributación mínima).

Si estos requisitos se cumplieran parcialmente, en los términos establecidos en el apartado 3 del precepto, lo dispuesto se aplicará de manera parcial.

Para resolver la cuestión controvertida, antes de nada, el TEAC recuerda que «*la figura "extinción de las sociedades de capital" está regulada en el TRLSC y se entiende producida cuando se dan las circunstancias recogidas en los artículos 360 y siguientes de dicho texto legal, finalizando con la inscripción en el Registro Mercantil*». Y, sobre esa base, se aborda la duda central objeto del recurso: si la amortización forzosa de las acciones realizada dentro de un procedimiento de «resolución de una entidad financiera» en el marco de la legislación de la Unión Europea, se puede equiparar a una extinción a los efectos del precepto al que nos venimos refiriendo. Dicho procedimiento de resolución se regula en la Ley 11/2015, de 18 de junio, y se aplica a una entidad financiera cuando sea inviable o razonablemente previsible que vaya a serlo en un futuro, y por razones de interés público y estabilidad financiera sea necesario evitar su liquidación concursal. Por lo tanto, en palabras del TEAC, consiste en «un procedimiento administrativo especial de liquidación de entidades financieras de gran tamaño y complejidad dirigido a la liquidación de las partes de la entidad que resulten inviables y que se aplica cuando no existan perspectivas razonables de otras soluciones alternativas de origen privado, por ejemplo una ampliación de capital efectuada por los accionistas existentes o por terceros que permita restablecer totalmente la viabilidad del ente».

El criterio que finalmente se establece es que, en el supuesto analizado, la pérdida producida por la amortización de las acciones en la entidad financiera, vía figura de «resolución», sin compensación económica, sería fiscalmente deducible conforme al artículo 21.8 de la LIS. Rechazando, con ello, la posición sostenida por la inspección, que había regularizado la pérdida declarada, por entender que se había producido una transmisión de acciones a la que le resultaba de aplicación el artículo 21.6 de la LIS y que, al no deberse a la extinción de la entidad participada, no procedía lo estipulado en el apartado 8 del precepto. Una conclusión a la que el TEAC llega a partir de dos términos clave, los de «transmisión» y «extinción», que desglosa del siguiente modo:

- Transmisión. Considera que la amortización forzosa de las acciones que se produjo no puede considerarse como una transmisión de las mismas por parte de los accionistas al emisor, a efectos de lo establecido en el artículo 21.6 de la LIS. A su juicio, lo que propiamente hubo en el supuesto fue una amortización de dichas acciones por parte del emisor, una «anulación» de sus propias acciones emitidas con la consiguiente extinción de la parte de capital que tales acciones representan.

- Extinción. Estima que, **aunque la verdadera extinción del emisor de las acciones amortizadas se produzca después de dicha amortización, se puede equiparar a una extinción del emisor**, pues la «resolución de una entidad bancaria» no es sino un procedimiento administrativo especial de liquidación de entidades financieras de gran tamaño.

Sostener lo contrario, según dice el TEAC en la resolución, «haría de peor condición al socio de una entidad que se "resuelve" (por interés público) que al socio de una sociedad que, dada su no viabilidad, simplemente se "extingue"».

CUESTIÓN

¿En qué fecha se considera extinguida una sociedad española?

Se consideraría extinguida en la fecha del asiento de presentación de la escritura pública en el registro mercantil, tal como señala la DGT en su consulta vinculante (V1856-24), de 6 de agosto de 2024:

«En relación con la extinción de las sociedades C y D, cabe traer a colación lo dispuesto en la consulta vinculante V1981-19, de 31 de julio de 2019, en la que, tratándose de una entidad española, esta se considera extinguida, en la fecha del asiento de presentación en el Registro Mercantil de la escritura pública de extinción:

"(...) De conformidad con los preceptos señalados, el período impositivo de la consultante concluye cuando la sociedad se extinga. La fecha de la extinción de la sociedad será la fecha en que se inscriba en el Registro Mercantil su extinción y cancelación. Los efectos de la inscripción de estos actos se retrotraen a la fecha del asiento de presentación de la escritura que los documenta, de acuerdo con lo dispuesto en el artículo 55 del Reglamento del Registro Mercantil (...), que dispone:

"1. Se considera como fecha de la inscripción la fecha del asiento de presentación.

2. Para determinar la prioridad entre dos o más inscripciones de igual fecha, se atenderá a la hora de presentación"».

RESOLUCIONES ADMINISTRATIVAS

Consulta vinculante de la Dirección General de Tributos (V2519-24), de 10 de diciembre de 2024

Asunto: aplicación de la regla establecida en el artículo 21.8 de la LIS.

«(...) de acuerdo con lo dispuesto en el artículo 21.8 de la LIS, en la medida en que la disolución y liquidación de la entidad X no tenga la consideración de operación de reestructuración, de acuerdo con la normativa mercantil marroquí, la renta negativa que pudiera originarse con motivo de la extinción de la entidad X, minorada en el importe de los dividendos o participaciones en beneficios recibidos de la entidad participada en los diez años anteriores a la fecha de la extinción, en los términos señalados en el párrafo segundo del apartado 8 del artículo 21 de la LIS, sería fiscalmente deducible en la base imponible de las sociedades consultantes A y B, en el periodo impositivo (20X6) en el que se registra la baja definitiva de los créditos existentes contra la entidad X, siempre que de ello no se derive una tributación inferior a la que hubiere correspondido por aplicación del criterio de devengo (artículo 11.3.1° LIS), y ello puesto que la entidad consultante B habría dado de baja su crédito frente a la entidad X, en el ejercicio 20X6, es decir en un ejercicio posterior al de devengo (20X5).

En este punto, cabe señalar que la renta negativa que pudiese ponerse de manifiesto con ocasión de esta operación vendría determinada, tal y como se ha señalado anteriormente, por lo previsto en el artículo 17.8 de la LIS, es decir, por diferencia entre el valor de mercado de los elementos recibidos y el valor fiscal de la participación anulada».

Consulta vinculante de la Dirección General de Tributos (V3057-23), de 23 de noviembre de 2023

Asunto: ¿pueden integrarse en el IS las pérdidas generadas por la disolución sin liquidación de una filial francesa de acuerdo con la normativa civil de dicho país?

«De los datos que constan en el escrito de consulta parece desprenderse que la consultante tiene intención de disolver su filial francesa, entidad en la que participa al 100%, debido a las pérdidas que acumula desde su constitución. No obstante, debido a las circunstancias concurrentes, la normativa francesa prevé la transmisión automática de pleno derecho del patrimonio de la entidad F a su socio único, la consultante española J, sin proceder a liquidación alguna, operación que producirá plenos efectos jurídicos una vez cumplidas las formalidades legales descritas en los hechos y transcurrido el plazo de oposición de los acreedores.

Partiendo de la información suministrada en el escrito de consulta, a la operación planteada le resultarán de aplicación las reglas generales de valoración previstas en la LIS, de manera que, en virtud del artículo 17, apartados 3 y 4, de la misma, la consultante deberá integrar en su base imponible la diferencia entre el valor de mercado de los elementos recibidos y el valor fiscal de la participación anulada.

Asimismo, puesto que la consultante participa en un 100% en la entidad F, residente fiscal en Francia, resultará de aplicación lo dispuesto en el artículo 21 de la LIS (...)

(...)

*En el supuesto concreto planteado, la disolución de la entidad F no conllevará su liquidación, puesto que la normativa francesa establece la transmisión automática de pleno derecho de todos los activos y pasivos de la entidad participada a su socio único, sin proceder a liquidación alguna, por lo que, atendiendo a una interpretación sistemática y finalista de la norma, la entidad consultante **no podrá integrar en la base*** *imponible del período en el que se lleve a cabo la extinción de la filial francesa F, participada al 100%, las pérdidas generadas con ocasión de dicha extinción, en la medida en que la operación de disolución sin liquidación produce unos resultados análogos a los derivados de una operación de reestructuración (transmisión automática de pleno derecho de todos los activos y pasivos de la entidad participada a su socio único, sin proceder a liquidación alguna)».*

2.4. ¿Existen exenciones similares a las del art. 21 de la LIS en el IRPF para socios personas físicas?

¿Los socios personas físicas pueden ver exentos de IRPF los dividendos que cobren de sociedades de las que participen o las plusvalías por venta de sus acciones y participaciones?

El **artículo 21 de la LIS declara exentos los dividendos o participaciones en beneficios de entidades y las plusvalías generadas por la transmisión de acciones o participaciones** siempre que cumplan una serie de requisitos. Básicamente, de forma muy resumida y al margen de las particularidades aplicables en ciertos supuestos, se requiere la existencia de un porcentaje de participación significativo (5 %) y de un período mínimo de tenencia o antigüedad de la participación (un año ininterrumpido), el cumplimiento de un requisito específico de participación indirecta en filiales de segundo o ulterior nivel en caso de que la participada que reparte dividendos a su vez participe en otras entidades y obtenga de ellas cierto porcentaje de ingresos; y, en su caso, la concurrencia de otro requisito adicional de tributación mínima si la participada no es residente en territorio español.

La cuestión es que, como decimos, esa medida se contiene en la Ley 27/2014, de 27 de noviembre, del Impuesto sobre Sociedades (LIS), que regula un tributo de carácter directo y naturaleza personal que grava la renta de las sociedades y demás entidades jurídicas. Por ende, se trata de una **posibilidad reservada únicamente a las sociedades o personas jurídicas** que sean contribuyentes por dicho impuesto, que verán exentos los dividendos que cobren de sus participadas cuando concurran los requisitos necesarios para ello o las ganancias obtenidas por la venta de sus participaciones en ellas.

De hecho, así lo ha puesto de manifiesto la Dirección General de Tributos en múltiples ocasiones con respecto a la exención para evitar la doble imposición de dividendos. Por ejemplo, en su relativamente reciente consulta vinculante (V0296-24), de 5 de marzo de 2024, traía a colación la previa (V3419-19), de 13 de diciembre de 2019, y recordaba que «*al ser el consultante una persona física y no una persona jurídica, no le es de aplicación la normativa del Impuesto sobre Sociedades con carácter general, y no podrá aplicarse las normas de exención y deducción para evitar la doble imposición de di-*

videndos». Y, si se piensa, justamente esa es la razón de ser última de buena parte de la problemática surgida en torno a la aplicación de la cláusula antiabuso del régimen de neutralidad o diferimiento fiscal, también llamado régimen FEAC, en los supuestos de aportación no dineraria a una holding y posterior reparto de dividendos. Lo ilustra bastante bien, por ejemplo, la resolución del Tribunal Económico-Administrativo Central n.º 6513/2022, de 27 de mayo de 2024:

> «Se considera, así, y ya se ha dicho que se comparte por este TEAC, que la finalidad principal de la operación fue evitar que los beneficios que la sociedad operativa, XZ-JK, ya había acumulado, durante varios ejercicios, cuando sus acciones pertenecían a la persona física, aquí reclamante, tributasen en su IRPF al ser percibidos por ésta, en este caso vía dividendos, lo que se trata de lograr a través de la interposición de una sociedad holding que, cuando esos beneficios se repartan, puede aprovechar la exención prevista en la legislación del IS, artículo 21 LIS.
>
> (...)
>
> De esa comparativa entre los efectos fiscales que se han obtenido, o planificado obtener, y los que se hubieran producido de no haber llevado a cabo una operación de este tipo, resulta claro, a juicio de este TEAC, que es abusiva la utilización del régimen FEAC para buscar la sustitución artificial de estos dos escenarios fiscales.
>
> Antes de la creación de la holding - la que recibe las participaciones de la operativa que le permitirán, posteriormente, percibir los dividendos que ésta reparta - cuando la reclamante obtenga la disponibilidad de los beneficios que se acumulan en sede de su sociedad operativa (bien a través del reparto por esta de dividendos, o bien mediante la enajenación de sus acciones) tributará por ellos en su IRPF.
>
> Tras la aportación de acciones de su operativa a la sociedad holding ha conseguido evitar ese "escenario fiscal", de modo que cuando la persona física obtenga la disponibilidad de los beneficios de dicha operativa (a través de su sociedad interpuesta, disponibilidad indirecta pero real y efectiva) no asumirá gravamen alguno, al poder aplicar la exención del artículo 21 de la LIS».

En ese mismo sentido, lo cierto es que **a día de hoy la normativa del IRPF no contiene medidas análogas para los socios personas físicas.** Sin embargo, esto no siempre ha sido así. Al menos, por lo que a los dividendos se refiere, puesto que en el pasado la regulación del Impuesto sobre la Renta de las Personas Físicas también contemplaba una exención para evitar la doble imposición interna sobre los mismos.

La antigua exención de los dividendos en IRPF y su desaparición en 2015. El tratamiento actual de los dividendos en IRPF

En su redacción en vigor **hasta el 31 de diciembre de 2014,** la letra y) del artículo 7 de la LIRPF declaraba exentos:

> «y) Los dividendos y participaciones en beneficios a que se refieren los párrafos a) y b) del apartado 1 del artículo 25 de esta Ley, con el límite de 1.500 euros anuales.

Esta exención no se aplicará a los dividendos y beneficios distribuidos por las instituciones de inversión colectiva, ni a los procedentes de valores o participaciones adquiridas dentro de los dos meses anteriores a la fecha en que aquéllos se hubieran satisfecho cuando, con posterioridad a esta fecha, dentro del mismo plazo, se produzca una transmisión de valores homogéneos. En el caso de valores o participaciones no admitidos a negociación en alguno de los mercados secundarios oficiales de valores definidos en la Directiva 2004/39/CE del Parlamento Europeo y del Consejo de 21 de abril de 2004 relativa a los mercados de instrumentos financieros, el plazo será de un año».

Al tiempo que las letras a) y b) del apartado 1 del artículo 25 de la LIRPF, con una redacción idéntica a la actual, se referían a los siguientes tipos de rendimientos obtenidos por la participación en los fondos propios de entidades (dinerarios o en especie):

- Los dividendos, primas de asistencia a juntas y participaciones en los beneficios de cualquier tipo de entidad.
- Los rendimientos procedentes de cualquier clase de activos, excepto la entrega de acciones liberadas que, estatutariamente o por decisión de los órganos sociales, faculten para participar en los beneficios, ventas, operaciones, ingresos o conceptos análogos de una entidad por causa distinta de la remuneración del trabajo personal.

Por lo tanto, bajo el régimen de esa norma, en general, los **dividendos cobrados por un socio persona física quedaban exentos del IRPF hasta un límite de 1.500 euros.**

A TENER EN CUENTA. Esta exención se introdujo con la aprobación de la Ley 35/2006, de 28 de noviembre, que entró en vigor el 1 de enero de 2007; pues en la normativa previa lo que se contemplaba era un régimen de integración a través de una deducción para evitar la doble imposición de dividendos. Sin embargo, con la ley de 2006, tal y como especifica su preámbulo (apartado III), «desaparece la norma de integración de dividendos que anteriormente se contenía en la ley, al optar por un sistema clásico de relación entre el impuesto societario y el de la renta de las personas físicas. Consecuencia de esta opción es que desaparece la deducción por doble imposición de dividendos y se introduce una exención para los que no superen en cuantía íntegra 1.500 euros». El derogado Real Decreto Legislativo 3/2004, de 5 de marzo, regulaba una deducción por doble imposición de dividendos en su artículo 81, que permitía deducir de la cuota líquida total del impuesto los importes resultantes de aplicar sobre el importe íntegro percibido unos porcentajes del 40, 25 o 0 % (según los casos). Además, se permitía la deducción de las cantidades no deducidas por insuficiencia de cuota líquida en los cuatro años siguientes.

La cuestión es que esta exención fue **suprimida por la Ley 26/2014, de 27 de noviembre, con efectos desde 1 de enero de 2015.** Desde entonces, los dividendos tributan bajo la calificación jurídica que ya en aquel momento tenían: la de **rendimientos del capital mobiliario**, sin posibilidad de beneficiarse de ninguna exención o deducción para evitar la doble imposición interna;

tal y como explicitan, por ejemplo, las consultas vinculantes de la Dirección General de Tributos (V3281-23), de 21 de diciembre de 2023, o (V1997-22), de 20 de septiembre de 2022.

En efecto, el artículo 25.1 de la LIRPF califica los dos rendimientos antes enumerados como rendimientos íntegros del capital mobiliario, tanto si se perciben en especie como de forma dineraria. De dichos rendimientos íntegros podrán **deducirse los gastos de administración y depósito de los valores negociables,** considerándose como tales los importes que repercutan las empresas de servicios de inversión, entidades de crédito u otras entidades financieras que tengan por finalidad retribuir la prestación derivada de la realización por cuenta de sus titulares del servicio de depósito de valores representados en forma de títulos o de la administración de valores representados en anotaciones en cuenta (artículo 26 de la LIRPF). Sin embargo, no serán deducibles las cuantías que supongan la contraprestación de una gestión discrecional e individualizada de carteras de inversión, en donde se produzca una disposición de las inversiones efectuadas por cuenta de los titulares con arreglo a los mandatos conferidos por estos.

Tampoco será posible deducir el importe del Impuesto sobre Sociedades que en su día pudiera haber pagado la entidad que reparte los dividendos sobre los beneficios con cargo a los cuales se distribuyan, dado que la normativa del IRPF no contempla ninguna deducción por dicho concepto [consulta vinculante de la DGT (V1973-21), de 23 de junio de 2021].

Por lo demás, y como regla general, los rendimientos derivados de los dividendos se imputarán al período impositivo en el que sean exigibles para su perceptor, como señala el apartado 1.a) del artículo 14 de la LIRPF. Formarán parte de la base imponible del ahorro del IRPF del inversor [letra a) del artículo 46 de la LIRPF], en la que se integrarán y compensarán en los términos que señala el artículo 49 de la LIRPF, y se someterán a gravamen según los tipos que especifican las escalas de los artículos 66 y 76 de la LIRPF (para el tramo estatal y autonómico del impuesto, respectivamente).

Finalmente, conviene también destacar que los rendimientos del capital mobiliario (como serían los derivados de dividendos) están sujetos a retención o ingreso a cuenta del IRPF si quien los abona está obligado a retener, en los términos que especifican el artículo 99 de la LIRPF, y los artículos 75 y 76 del RIRPF. En particular, en este caso se aplicará un tipo de retención del 19 %, que se reducirá en un 60 % cuando se trate de rendimientos que tengan derecho a la deducción por rentas obtenidas en Ceuta o Melilla del apartado 4 del artículo 68 de la LIRPF, procedentes de sociedades que operen efectiva y materialmente en dichos territorios, en los términos que especifica el número 3.º del precepto (apartado 4 del artículo 101 de la LIRPF). En el caso de retribuciones en especie del capital mobiliario (por ejemplo, si los dividendos se abonasen mediante entrega de nuevas acciones no liberadas), la cuantía del ingreso a cuenta que corresponda realizar se calculará aplicando el porcentaje anterior al resultado de incrementar en un 20 % el valor de adquisición o el coste para el pagador [apartado 1 del artículo 103 del RIRPF y consulta vinculante de la DGT (V0577-25), de 1 de abril de 2025].

Las rentas por transmisión de acciones y participaciones en el IRPF del socio persona física

La normativa del IRPF no contempla una exención análoga a la del apartado 3 del artículo 21 de la LIS para el supuesto en el que un socio persona física venda o transmita por otro título sus acciones o participaciones en el capital social de una entidad. En la imposición personal del socio, esta operación podrá generarle **una ganancia o una pérdida patrimonial**, según el apartado 1 del artículo 33 de la LIRPF, que define como tales «las variaciones en el valor del patrimonio del contribuyente que se pongan de manifiesto con ocasión de cualquier alteración en la composición de aquél, salvo que por esta Ley se califiquen como rendimientos».

Ahora bien, la normativa entiende que no existe ganancia o pérdida patrimonial en cierto supuestos, como serían los de transmisión por causa de la muerte del contribuyente (a título de herencia o legado) o los de transmisión lucrativa de participaciones en empresas a las que se refiere el apartado 6 del artículo 20 de la LISD, que regula una reducción en el Impuesto sobre Sucesiones y Donaciones para los supuestos de transmisión de empresas o participaciones a determinados miembros de la familia cuando concurran una serie de condiciones. Además, de conformidad con el artículo 33.5 de la LIRPF no se computarán como pérdidas patrimoniales:

- Las no justificadas.
- Las debidas a transmisiones lucrativas por actos entre vivos (por ejemplo, donaciones) o a liberalidades.
- Las derivadas de las transmisiones de elementos patrimoniales, cuando el transmitente vuelva a adquirirlos dentro del año siguiente a la fecha de esa transmisión. Esta pérdida patrimonial se integrará cuando se produzca la posterior transmisión del elemento patrimonial.
- Las derivadas de las transmisiones de valores o participaciones admitidos a negociación en alguno de los mercados secundarios oficiales de valores definidos en la Directiva 2014/65/UE del Parlamento Europeo y del Consejo, de 15 de mayo de 2014, relativa a los mercados de instrumentos financieros y por la que se modifican la Directiva 2002/92/CE y la Directiva 2011/61/UE, cuando el contribuyente hubiera adquirido valores homogéneos (esto es, que procedan del mismo emisor, formen parte de una misma operación financiera o respondan a un mismo propósito, sean de igual naturaleza y régimen de transmisión y atribuyan a sus titulares análogos derechos y obligaciones) dentro de los dos meses anteriores o posteriores a dichas transmisiones. En este supuesto, las pérdidas patrimoniales se integrarán a medida que se transmitan los valores o participaciones que permanezcan en el patrimonio del contribuyente.
- Las derivadas de las transmisiones de valores o participaciones no admitidos a negociación en alguno de los mercados secundarios oficiales de valores definidos en la Directiva 2014/65/UE del Parlamento Europeo y del Consejo, de 15 de mayo de 2014, cuando el contribuyente hubiera adquirido valores homogéneos en el año anterior o poste-

rior a dichas transmisiones. Como en el caso anterior, las pérdidas patrimoniales se integrarán a medida que se transmitan los valores o participaciones que permanezcan en el patrimonio del contribuyente.

A TENER EN CUENTA. Este apartado 5 del artículo 33 de la LIRPF en realidad no se remite a la directiva que acaba de señalarse, sino a la Directiva 2004/39/CE del Parlamento Europeo y del Consejo de 21 de abril de 2004 relativa a los mercados de instrumentos financieros. Sin embargo, en la actualidad dicha directiva se encuentra derogada, por lo que, desde el 3 de enero de 2018, todas las remisiones que la LIRPF realiza a ella deben entenderse en relación con la Directiva 2014/65/UE del Parlamento Europeo y del Consejo, de 15 de mayo de 2014, relativa a los mercados de instrumentos financieros y por la que se modifican la Directiva 2002/92/CE y la Directiva 2011/61/UE. De ahí que en la exposición de este tema nos refiramos directamente a la nueva norma.

En el resto de los casos, el importe de la ganancia o pérdida patrimonial que tendrá que declarar en IRPF **quien transmita las acciones o participaciones** vendrá dado, con carácter general, por la **diferencia entre el valor de adquisición y el de transmisión de dichos activos:**

Ganancia o pérdida patrimonial = valor de transmisión - valor de adquisición

La determinación de los valores de adquisición y de transmisión se realizará de acuerdo con los artículos 35 y 36 de la LIRPF, según la transmisión se realice a título oneroso y gratuito, aunque el artículo 37 de la LIRPF establece una serie de reglas especiales a efectos de determinar la ganancia o pérdida patrimonial en determinados supuestos. De entre dichas reglas especiales cabría destacar las siguientes, en lo que aquí nos interesa [letras a), b) y c) del primer apartado del precepto]:

- Transmisión a título oneroso de valores **admitidos a negociación en alguno de los mercados regulados de valores** definidos en la Directiva 2014/65/UE del Parlamento Europeo y del Consejo, de 15 de mayo de 2014, y representativos de la participación en fondos propios de sociedades o entidades. La ganancia o pérdida se computará por la diferencia entre su valor de adquisición y el de transmisión, determinado por su cotización en dichos mercados en la fecha en que se produzca o por el precio pactado cuando sea superior a la cotización. Eso sí, cuando se trate de acciones parcialmente liberadas, su valor de adquisición será el importe realmente satisfecho por el contribuyente; y, en el caso de las totalmente liberadas, el valor de adquisición tanto de estas como de las que procedan resultará de repartir el coste total entre el número de títulos, tanto los antiguos como los liberados que correspondan.

- Transmisión a título oneroso de valores **no admitidos a negociación en alguno de los mercados regulados de valores** definidos en la Directiva 2014/65/UE del Parlamento Europeo y del Consejo, de 15 de mayo de 2014, y representativos de la participación en fondos propios de sociedades o entidades. La ganancia o pérdida se computará por la diferencia entre su valor de adquisición y el valor de transmisión.

Salvo prueba de que el importe efectivamente satisfecho se corresponde con el que habrían convenido partes independientes en condiciones normales de mercado, el valor de transmisión no podrá ser inferior al mayor de los dos siguientes:

» El valor del patrimonio neto que corresponda a los valores transmitidos resultante del balance correspondiente al último ejercicio cerrado con anterioridad a la fecha del devengo del impuesto.

» El que resulte de capitalizar al tipo del 20 % el promedio de los resultados de los tres ejercicios sociales cerrados con anterioridad a la fecha del devengo del impuesto. A este último efecto, se computarán como beneficios los dividendos distribuidos y las asignaciones a reservas, excluidas las de regularización o de actualización de balances.

El valor de transmisión así calculado se tendrá en cuenta para determinar el valor de adquisición de los valores o participaciones que corresponda al adquirente. Cuando se trate de acciones parcialmente liberadas, su valor de adquisición será el importe realmente satisfecho por el contribuyente; y, en el caso de acciones totalmente liberadas, el valor de adquisición, tanto de estas como de las que procedan, resultará de repartir el coste total entre el número de títulos, tanto los antiguos como los liberados que correspondan.

- **Transmisión o reembolso a título oneroso de acciones o participaciones representativas del capital o patrimonio de las instituciones de inversión colectiva** a las que se refiere el artículo 94 de la LIRPF. La ganancia o pérdida patrimonial se computará por la diferencia entre su valor de adquisición y el valor de transmisión, determinado por el valor liquidativo aplicable en la fecha en que dicha transmisión o reembolso se produzca o, en su defecto, por el último valor liquidativo publicado. Cuando no existiera valor liquidativo se tomará el valor del patrimonio neto que corresponda a las acciones o participaciones transmitidas resultante del balance correspondiente al último ejercicio cerrado con anterioridad a la fecha del devengo del impuesto. En supuestos distintos del reembolso de participaciones, el valor de transmisión así calculado no podrá ser inferior al mayor de los dos siguientes:

» El precio efectivamente pactado en la transmisión.

» El valor de cotización en mercados secundarios oficiales de valores definidos en la Directiva 2014/65/UE del Parlamento Europeo y del Consejo, de 15 de mayo de 2014, y, en particular, en sistemas multilaterales de negociación de valores previstos en la normativa del mercado de valores, en la fecha de la transmisión.

A los efectos de determinar el valor de adquisición, resultará de aplicación, cuando proceda, lo dispuesto en el primer punto para la transmisión a título oneroso de valores admitidos a negociación en alguno de los mercados regulados de valores.

No obstante todo lo anterior, en el caso de transmisiones de participaciones en los fondos de inversión cotizados o de acciones de SICAV índice cotizadas, a los que se refiere el artículo 79 del Real Decreto 1082/2012, de 13 de julio, realizadas en bolsa de valores, el valor de transmisión se determinará conforme a lo previsto en el primer punto para la transmisión a título oneroso de valores admitidos a negociación en alguno de los mercados regulados de valores.

> **A TENER EN CUENTA.** A efectos de lo previsto en estas letras a, b) y c) del artículo 37 de la LIRPF, el apartado 2 del mismo precepto señala que, **cuando existan valores homogéneos se considerará que los transmitidos por el contribuyente son los que adquirió en primer lugar.** Y, en el caso de acciones totalmente liberadas, se considerará como antigüedad de las mismas la que corresponda a las acciones de las que procedan.

CUESTIÓN

¿Qué se considera como valores homogéneos a los efectos del IRPF?

Según indica el artículo 8 del RIRPF, a los exclusivos efectos del IRPF, se considerarán valores o participaciones homogéneos procedentes de un mismo emisor aquellos que formen parte de una misma operación financiera o respondan a una unidad de propósito, incluida la obtención sistemática de financiación, sean de igual naturaleza y régimen de transmisión, y atribuyan a sus titulares un contenido sustancialmente similar de derechos y obligaciones. Ahora bien, la homogeneidad de un conjunto de valores no se verá afectada por la eventual existencia de diferencias entre ellos en lo relativo a su importe unitario; fechas de puesta en circulación, de entrega material o de fijación de precios; procedimientos de colocación, incluida la existencia de tramos o bloques destinados a categorías específicas de inversores; o cualesquiera otros aspectos de naturaleza accesoria. En particular, la homogeneidad no resultará alterada por el fraccionamiento de la emisión en tramos sucesivos o por la previsión de ampliaciones.

Dichas ganancias o pérdidas patrimoniales, como regla general, se imputarán al período impositivo en el que tenga lugar la alteración patrimonial [artículo 14.1.c) de la LIRPF]. Constituyen renta del ahorro conforme a la letra b) del artículo 46 de la LIRPF y se integrarán y compensarán en la base imponible del ahorro, en los términos que prevé el artículo 49 de la LIRPF. Se someterán a gravamen según los tipos que especifican las escalas de los artículos 66 y 76 de la LIRPF (para el tramo estatal y autonómico del impuesto, respectivamente).

En conclusión, **la normativa del IRPF no contempla una exención análoga a la prevista en el apartado 3 del artículo 21 de la LIS,** aunque en algunos supuestos las rentas obtenidas por la transmisión de acciones o participaciones en entidades puedan quedar excluidas de gravamen por otros motivos. En particular, y por lo que aquí interesa, convendría hacer mención de dos medidas concretas que podrían resultar de interés en estos supuestos, según los casos:

- La exclusión de gravamen en caso de transmisión de acciones o participaciones por las que se hubiera practicado la deducción por inversión en empresas de nueva o reciente creación cuando se reinvierta el importe obtenido en otra entidad de nueva o reciente creación. El apartado 3 del artículo 38 de la LIRPF permite excluir de tributación las ganancias patrimoniales puestas de manifiesto como consecuencia de la transmisión de acciones o participaciones por las que se hubiera practicado la deducción por inversión en empresas de nueva o reciente creación, regulada en el apartado 1 del artículo 68 de la LIRPF, siempre que lo obtenido se reinvierta en la adquisición de acciones o participaciones de las citadas entidades, en las condiciones y con los requisitos previstos en la norma.

- La aplicación de los coeficientes reductores o de abatimiento previstos en la disposición transitoria novena de la LIRPF en caso de ganancias patrimoniales que se deriven de la transmisión de acciones u otros activos adquiridos con anterioridad a 31 de diciembre de 1994. Este régimen transitorio, cuando proceda, permitirá aplicar una reducción sobre la parte de la ganancia patrimonial generada con anterioridad a 20 de enero de 2006.

RESOLUCIONES ADMINISTRATIVAS

Consulta vinculante de la Dirección General de Tributos (V1113-25), de 26 de junio de 2025

Asunto: tributación en IRPF de los dividendos y de las rentas por venta de acciones percibidas por una persona física.

«Los importes percibidos en concepto de distribución de dividendos tendrán, a efectos del Impuesto sobre la Renta de las Personas Físicas, la consideración de rendimiento del capital mobiliario para el socio persona física de la sociedad, en aplicación del artículo 25.1.a) de la Ley 35/2006, de 28 de noviembre, del Impuesto sobre la Renta de las Personas Físicas y de modificación parcial de las leyes de los Impuestos sobre Sociedades, sobre la Renta de no Residentes y sobre el Patrimonio (BOE del día 29), en adelante LIRPF (...)

(...)

Por otra parte, la transmisión de las acciones generará en el consultante una ganancia o pérdida patrimonial, de acuerdo con lo previsto en el artículo 33.1 de la LIRPF, al dar lugar a una variación en el valor de su patrimonio y una alteración en su composición.

El importe de la ganancia o pérdida patrimonial vendrá determinado, con carácter general, por la diferencia entre los valores de adquisición y de transmisión, definidos en los artículos 35, 36 y 37 de la LIRPF.».

Consulta vinculante de la Dirección General de Tributos (V0247-25), de 5 de marzo de 2025

Asunto: tratamiento en IRPF del socio en caso de reducción del capital social de la sociedad en cuyo capital participa con amortización de todas sus acciones, previa su adquisición por la entidad por el valor real de las acciones.

«En términos generales, la adquisición por la sociedad de sus propias acciones supondrá para el socio persona física transmitente variaciones en el valor de su patrimonio puestas de manifiesto por alteración en su composición, por lo que su calificación a efectos del Impuesto sobre la Renta de las Personas Físicas es la de ganancias o pérdidas patrimoniales (artículo 33.1 de la Ley 35/2006, de 28 de noviembre, del Impuesto sobre la Renta de las Personas Físicas y de modificación parcial de las leyes de los Impuestos sobre Sociedades, sobre la Renta de no Residentes y sobre el Patrimonio (BOE de 29 de noviembre), cuyo cálculo en el caso

de acciones no cotizadas se realizará de acuerdo con lo establecido en el artículo 37.1.b) de la Ley del Impuesto.

Sentada la regla general, debe señalarse no obstante que el Tribunal Supremo, en Sentencias como las de 16 de mayo de 2011 o 23 de junio de 2011, considera que, en los supuestos de hecho reflejados en las referidas sentencias en los que de las condiciones en que se desarrollaban las operaciones podía inferirse que la adquisición de acciones o participaciones propias era un instrumento para una operación de reducción de capital con la finalidad de devolución de aportaciones a los socios, no podía entenderse dicha adquisición de forma independiente, lo que implicaría su tributación como ganancia o pérdida patrimonial, sino como una fase inherente a la operación de reducción de capital con devolución de aportaciones, resultándole aplicable en consecuencia a las cantidades percibidas por el socio el régimen establecido para esta última operación en el artículo 33.3.a) de la Ley del Impuesto.

La Jurisprudencia anterior debe ser completada con la doctrina reiterada del Tribunal Económico Administrativo Central (entre otras, Resolución 06943/2014/00/00, de 11 de septiembre de 2017) relativa a la consideración de que, en aquellos casos en los que la adquisición de las acciones o participaciones por la sociedad para su amortización, afecta a la totalidad de las acciones o participaciones de un socio, aunque pudiera en su caso resultar de aplicación la regla establecida en el referido artículo 33.3.a) de la Ley del Impuesto, debe aplicarse la regla especial de valoración por su carácter más específico establecida en el artículo 37.1.e) de dicha Ley, aplicable a la separación de socios, y que determina la naturaleza de ganancia o pérdida patrimonial, y no de rendimiento de capital mobiliario, de la renta obtenida por el socio en la separación, al estimar dicho Tribunal que el concepto de separación de socios que contempla aquel precepto no debe quedar limitado, al no distinguir la Ley, al concepto de separación establecido en la normativa mercantil, sino que recogería todos los casos en los que el socio deja de ostentar tal condición respecto de la sociedad.

De acuerdo con los datos aportados, la adquisición de las acciones lleva aparejada su amortización a través de la correspondiente reducción del capital.

Al afectar dicha operación a la totalidad de las participaciones de la consultante, le resultarán de aplicación a la venta de participaciones por la consultante a la sociedad las reglas establecidas para la separación de socios en el artículo 37.1.e) de la Ley del Impuesto, el cual dispone lo siguiente:

"e) En los casos de separación de los socios o disolución de sociedades, se considerará ganancia o pérdida patrimonial, sin perjuicio de las correspondientes a la sociedad, la diferencia entre el valor de la cuota de liquidación social o el valor de mercado de los bienes recibidos y el valor de adquisición del título o participación de capital que corresponda.

(...)"».

3.
REFERENCIA A LA EXENCIÓN DE LAS RENTAS OBTENIDAS EN EL EXTRANJERO A TRAVÉS DE UN ESTABLECIMIENTO PERMANENTE

La exención en el IS de las rentas obtenidas del extranjero a través de un establecimiento permanente: requisitos y ámbito de aplicación

El artículo 22 de la LIS declara exentas del impuesto:

- Las **rentas positivas obtenidas en el extranjero a través de un establecimiento permanente situado fuera del territorio español.**

- Las **rentas positivas derivadas de la transmisión de un establecimiento permanente o cese de su actividad.**

En cualquiera de los dos supuestos, para la exención se exige un **requisito de tributación mínima.** El establecimiento permanente tendrá que haber estado sujeto y no exento a un impuesto de naturaleza idéntica o análoga al IS con un tipo nominal de, al menos, un 10 %, en los términos que establece el apartado 1 del artículo 21 de la LIS para la exención de los dividendos o participaciones en beneficios de entidades. En ese sentido, conviene resaltar que, en el artículo 21.1 de la LIS, al que se hace la remisión, se establece que el requisito de tributación mínima se considera cumplido «cuando la entidad participada sea residente en un país con el que España tenga suscrito un convenio para evitar la doble imposición internacional, que le sea de aplicación y que contenga cláusula de intercambio de información»; mientras que en ningún caso se entenderá cumplido cuando «sea residente en un país o territorio calificado como paraíso fiscal, excepto que resida en un Estado miembro de la Unión Europea y el contribuyente acredite que su constitución y operativa responde a motivos económicos válidos y que realiza actividades económicas».

A TENER EN CUENTA. Todas las referencias que la normativa realiza a paraísos fiscales, a países o territorios con los que no exista efectivo intercambio de información, o de nula o baja tributación, se entienden efectuadas a la definición de jurisdicción no cooperativa de la disposición adicional primera de la Ley 36/2006, de 29 de noviembre. Actualmente, la lista de jurisdicciones no cooperativas se determina en la Orden HFP/115/2023, de 9 de febrero, que entró en vigor, con carácter general, el 11 de febrero de 2023 y resulta de aplicación a los tributos sin período impositivo devengados a partir de su entrada en vigor y a los demás tributos cuyo período impositivo se iniciara desde ese momento; aunque, para los países o territorios incluidos en su listado y que no estuvieran previstos en el Real Decreto 1080/1991, de 5 de julio, la orden entró en vigor el 11 de agosto de 2023, resultando de aplicación a los tributos sin período impositivo devengados a partir de su entrada en vigor y a los demás tributos cuyo período impositivo se iniciara desde ese momento.

Por otra parte, el apartado 2 del precepto señala que **no se integrarán en la base imponible las siguientes rentas negativas:**

- Las **obtenidas en el extranjero a través de un establecimiento permanente.**
- Las **derivadas de la transmisión de un establecimiento permanente.**

Sin embargo, sí serán **fiscalmente deducibles las rentas negativas generadas en caso de cese** del establecimiento permanente. En este supuesto, el importe de las rentas negativas se minorará en el importe de las rentas positivas netas obtenidas con anterioridad y que hayan tenido derecho a la aplicación de un régimen de exención o de deducción para la eliminación de la doble imposición, por el importe de la misma.

Originalmente, el artículo 22 de la LIS establecía que las rentas negativas obtenidas en el extranjero a través de un establecimiento permanente no se integraría en la base imponible, excepto en el caso de transmisión del mismo o cese de su actividad. En particular, se señalaba que «el importe de las rentas negativas derivadas de la transmisión de un establecimiento permanente o cese de su actividad se minorará en el importe de las rentas positivas netas obtenidas con anterioridad que hayan tenido derecho a la exención prevista en este artículo o a la deducción por doble imposición prevista en el artículo 31 de esta Ley, procedentes del mismo». No obstante, esa redacción fue modificada por el Real Decreto-ley 3/2016, de 2 de diciembre, con efectos para los períodos impositivos que se inicien a partir del 1 de enero de 2017, quedando con el régimen antes visto. Además, esa misma norma también derogó el apartado 11 del artículo 11 de la LIS, con idéntica fecha de efectos; que difería la integración de las rentas negativas por transmisión de establecimiento permanente en los supuestos de adquisición por una entidad del grupo. Según indicaba, las rentas negativas generadas en la transmisión de un establecimiento permanente, cuando el adquirente fuera una entidad del mismo grupo conforme al artículo 42 del Código de Comercio, con independencia de la residencia y de la obligación de formular cuentas anuales consolidadas, se imputarían en el período impositivo en el que el establecimiento permanente fuera transmitido a terceros ajenos al grupo, o bien cuando la entidad transmitente o la adquirente dejasen de formar parte del mismo, minoradas en el importe de las rentas positivas obtenidas en dicha transmisión a terceros. Ahora bien, también indicaba que dicha minoración de las rentas positivas no se produciría si el contribuyente probase que esas rentas habían tributado efectivamente a un tipo de gravamen de, al menos, un 10 %. Dichas reglas, sin embargo, no resultaban de aplicación en caso de cese de la actividad del establecimiento permanente.

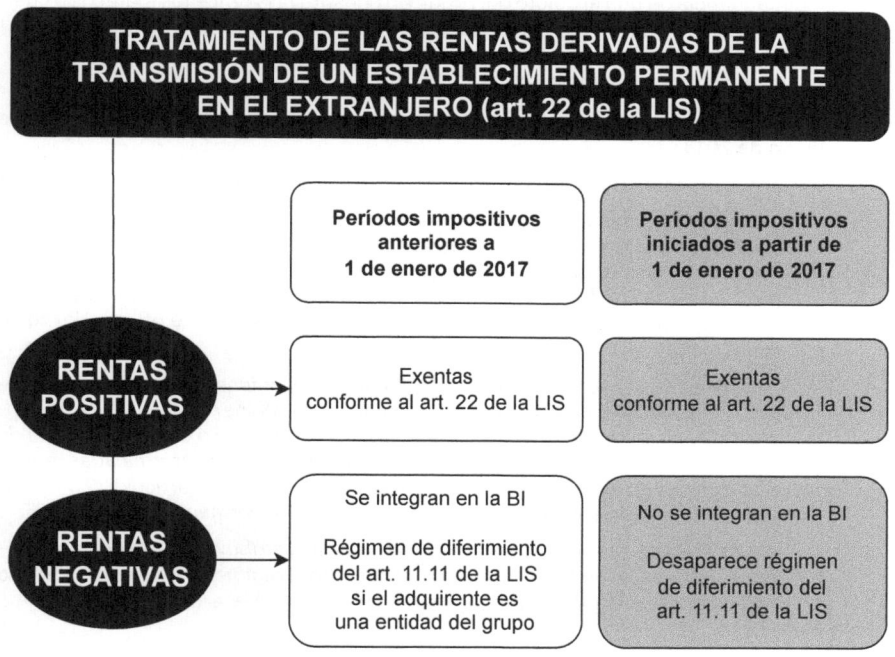

Por lo demás, **el régimen previsto en el artículo 22 de la LIS no se aplicará** cuando, respecto de las rentas obtenidas en el extranjero, se den las circunstancias previstas en el apartado 9 del artículo 21 de la LIS; precepto que se refiere a las siguientes rentas:

- Las distribuidas por el fondo de regulación de carácter público del mercado hipotecario.

- Las obtenidas por agrupaciones de interés económico españolas y europeas, y por uniones temporales de empresas, cuando, al menos uno de sus socios, tenga la condición de persona física.

- Las rentas de fuente extranjera que la entidad integre en su base imponible y en relación con las cuales opte por aplicar, si procede, la deducción establecida en los artículos 31 o 32 de la LIS (deducciones para evitar la doble imposición internacional). Esta opción se ejercerá por cada establecimiento permanente fuera del territorio español, incluso en el caso de que existan varios en el territorio de un solo país.

CUESTIÓN

Según el apartado 1 del artículo 21 de la LIS, ¿qué impuestos extranjeros se tendrán en cuenta a efectos del requisito de tributación mínima en el extranjero?

A efectos del requisito de que la participada haya estado sujeta y no exenta por un impuesto extranjero de naturaleza idéntica o análoga al IS, el artículo 21.1 de la LIS especifica en su letra b) que se tendrán en cuenta aquellos tributos extranjeros que hayan tenido por finalidad la imposición de la renta obtenida por la entidad, con independencia de que el objeto del tributo lo constituya la renta, los ingresos o cualquier otro elemento indiciario de aquella.

RESOLUCIÓN ADMINISTRATIVA

Consulta vinculante de la Dirección General de Tributos (V1466-18), de 30 de mayo de 2018

Asunto: aplicación de la exención del artículo 22 de la LIS.

«La sociedad española a que se refiere el escrito de consulta que, de acuerdo con el análisis previamente efectuado, puede considerarse que realiza una actividad económica en Colombia a través de un establecimiento permanente, pretende acogerse al régimen especial de las ETVE. Su socio único sería una sociedad residente en Panamá, la cual, igualmente de acuerdo con el análisis previamente efectuado, no se considera residente en un paraíso fiscal.

En este sentido, el artículo 108 de la LIS establece el régimen aplicable a los beneficios o participaciones en beneficios distribuidos a los socios por la ETVE y a las rentas obtenidas en la transmisión de la participación en la ETVE o en los supuestos de separación del socio o liquidación de la entidad, en relación con determinadas rentas, entre las que se encuentran las rentas exentas a que se refiere el artículo 22 de la LIS obtenidas en el extranjero a través de un establecimiento permanente por la ETVE.

Por tanto, las rentas obtenidas por la ETVE, que se distribuyen a sus socios, procedentes del PAC, en la medida en que tengan derecho al régimen de exención previsto en el artículo 22 de la LIS, podrán aplicar lo dispuesto en el artículo 108 del mismo texto legal.

En este sentido, el artículo 22 de la LIS, establece para la aplicación de la exención, el siguiente requisito:

"1. Estarán exentas las rentas positivas obtenidas en el extranjero a través de un establecimiento permanente situado fuera del territorio español cuando el mismo haya estado sujeto y no exento a un impuesto de naturaleza idéntica o análoga a este Impuesto con un tipo nominal de, al menos, el 10 por ciento, en los términos del apartado 1 del artículo anterior."

Dentro del apartado 1 del artículo anterior, al que remite este artículo 22, se debe atender a lo dispuesto en la letra b), que dispone:

"Se considera cumplido este requisito, cuando la entidad participada sea residente en un país con el que España tenga suscrito un convenio para evitar la doble imposición internacional, que le sea de aplicación y que contenga cláusula de intercambio de información. (...)"

En este caso, existe el Convenio. El artículo 25 del Convenio recoge lo dispuesto para el intercambio de información, por lo que debe considerarse cumplido este requisito.

Por tanto, en la medida en que la entidad consultante opera en Colombia mediante un establecimiento permanente, en los términos previamente analizados, y cumple el requisito de tributación, las rentas procedentes del PAC podrán beneficiarse de la exención del artículo 22 de la LIS».

Precisiones para delimitar el ámbito de aplicación de la exención en el IS de las rentas obtenidas del extranjero a través de un establecimiento permanente

De cara a aplicar lo establecido en el artículo 22 de la LIS, el propio precepto realiza una serie de delimitaciones conceptuales a sus propios efectos en sus apartados 3 y siguientes:

- **Actuación mediante establecimiento permanente en el extranjero.** Se entenderá que una entidad opera mediante un establecimiento permanente en el extranjero cuando, por cualquier título, disponga fuera del territorio español, de forma continuada o habitual, de instalaciones o lugares de trabajo en los que realice toda o parte de su actividad, o actúe en él por medio de un agente autorizado para contratar, en nombre y por cuenta del contribuyente, que ejerza con habitualidad dichos poderes.

  En particular, se considerará que constituyen establecimiento permanente las sedes de dirección, las sucursales, las oficinas, las fábricas, los talleres, los almacenes, tiendas u otros establecimientos, las minas, los pozos de petróleo o de gas, las canteras, las explotaciones agrícolas, forestales o pecuarias o cualquier otro lugar de exploración o de extracción de recursos naturales, y las obras de construcción, instalación o montaje cuya duración exceda de seis meses. Si el establecimiento permanente se encuentra situado en un país con el que España tenga suscrito un convenio para evitar la doble imposición internacional, que le sea de aplicación, se estará a lo que de él resulte.

- **Actuación mediante establecimientos permanentes distintos en un país.** Se considerará que un contribuyente opera mediante establecimientos permanentes distintos en un determinado país, cuando concurran las siguientes circunstancias:

  » Que realicen actividades claramente diferenciables.

  » Que la gestión de estas se lleve de modo separado.

- **Rentas del establecimiento permanente.** Serán rentas de un establecimiento permanente aquellas que el mismo hubiera podido obtener si fuera una entidad distinta e independiente, teniendo en cuenta las funciones desarrolladas, los activos utilizados y los riesgos asumidos por la entidad a través del establecimiento permanente. A tales efectos, se tendrán en cuenta las rentas estimadas por operaciones internas con la propia entidad cuando así esté establecido en un convenio para evitar la doble imposición internacional que resulte de aplicación.

RESOLUCIÓN RELEVANTE

Sentencia del Tribunal Supremo n.º 1016/2023, de 17 de julio, ECLI:ES:TS:2023:3310

Asunto: gastos generales de administración que pueden imputarse a un establecimiento permanente situado en un país tercero.

«(...) para calcular el rendimiento obtenido por las actividades realizadas por una sociedad en un establecimiento permanente situado en el extranjero, que se encuentra exento ex artículo 22 del texto refundido de la Ley del Impuesto sobre Sociedades, se podrán imputar proporcionalmente a dicho establecimiento los gastos

> *de dirección y generales de administración realizados para alcanzar los fines del establecimiento permanente, tanto si se efectúan en el Estado en que se encuentra el establecimiento permanente como en otro lugar».*

Regímenes transitorios sobre la aplicación de la exención del art. 22 de la LIS

Los apartados 4 y 5 de la disposición transitoria decimosexta de la LIS establecen dos regímenes transitorios que inciden sobre la aplicación de la exención prevista en el artículo 22 de la LIS:

- Cuando un establecimiento permanente hubiera obtenido **rentas negativas netas que se hubieran integrado en la base imponible de la entidad en períodos impositivos iniciados con anterioridad a 1 de enero de 2013**, la exención prevista en el artículo 22 de la LIS o la deducción para evitar la doble imposición jurídica a la que se refiere el artículo 31 de la LIS solo se aplicarán a las rentas positivas obtenidas con posterioridad a partir del momento en que superen la cuantía de dichas rentas negativas.

- En el caso de **transmisión de un establecimiento permanente en períodos impositivos que se inicien a partir de 1 de enero de 2016**, la base imponible de la entidad transmitente residente en territorio español se incrementará en el importe del exceso de las rentas negativas netas generadas por el establecimiento permanente en períodos impositivos iniciados con anterioridad a 1 de enero de 2013 sobre las rentas positivas netas generadas por el establecimiento permanente en períodos impositivos iniciados a partir de esta fecha, con el límite de la renta positiva derivada de la transmisión del mismo.

ANEXO.
CASOS PRÁCTICOS

Caso práctico | Exención en IS para evitar la doble imposición interna en el reparto de dividendos si la participada es residente

PLANTEAMIENTO

Una entidad residente en España está en manos de dos socios personas jurídicas, que poseen cada uno el 50 % de las participaciones sociales desde hace casi cinco años. La participada no participa en otras entidades.

En el caso de que se decidiera repartir dividendos, ¿se podría aplicar la exención para evitar la doble imposición contemplada en el Impuesto sobre Sociedades?

RESPUESTA

En la medida en que se cumplan los requisitos establecidos en el artículo 21 de la LIS, los dividendos percibidos podrían gozar de la exención para evitar la doble imposición.

El artículo 21 de la LIS establece los requisitos para la **exención sobre dividendos y rentas derivadas de la transmisión de valores representativos de los fondos propios de entidades residentes y no residentes en territorio español**, en los siguientes términos:

«1. Estarán exentos los dividendos o participaciones en beneficios de entidades, cuando se cumplan los siguientes requisitos:

a) Que **el porcentaje de participación, directa o indirecta, en el capital o en los fondos propios de la entidad sea, al menos, del 5 por ciento**.

La **participación correspondiente se deberá poseer de manera ininterrumpida durante el año anterior al día en que sea exigible el beneficio que se distribuya o**, en su defecto, se deberá mantener posteriormente durante el tiempo necesario para completar dicho plazo. Para el cómputo del plazo se tendrá también en cuenta el período en que la participación haya sido poseída ininterrumpidamente por otras entidades que reúnan las circunstancias a que se refiere el artículo 42 del Código de Comercio para formar parte del mismo grupo de sociedades, con independencia de la residencia y de la obligación de formular cuentas anuales consolidadas.

En el supuesto de que la entidad participada obtenga dividendos, participaciones en beneficios o rentas derivadas de la transmisión de valores representativos del capital o de los fondos propios de entidades en más del 70 por ciento de sus ingresos, la aplicación de esta exención respecto de dichas rentas requerirá que el contribuyente tenga una participación indirecta en esas entidades que cumpla los requisitos señalados en esta letra. El referido porcentaje de ingresos se calculará sobre el resultado consolidado del ejercicio, en el caso de que la entidad directamente participada sea dominante de un grupo según los criterios establecidos en el artículo 42 del Código de Comercio, y formule cuentas anuales consolidadas. No obstante, la participación indirecta en filiales de segundo o ulterior nivel deberá respetar el porcentaje mínimo del 5 por ciento, salvo que dichas filiales reúnan las circunstancias a que se refiere el artículo 42 del Código de Comercio para formar parte del mismo grupo de sociedades con la entidad directamente participada y formulen estados contables consolidados.

El requisito exigido en el párrafo anterior no resultará de aplicación cuando el contribuyente acredite que los dividendos o participaciones en beneficios percibidos se han integrado en la base imponible de la entidad directa o indirectamente participada como dividendos, participaciones en beneficios o rentas derivadas de la transmisión de valores representativos del capital o de los fondos propios de entidades sin tener derecho a la aplicación de un régimen de exención o de deducción por doble imposición.

(...)

En el supuesto de que la entidad participada, residente o no residente en territorio español, obtenga dividendos, participaciones en beneficios o rentas derivadas de la transmisión de valores representativos del capital o de los fondos propios de entidades procedentes de dos o más entidades respecto de las que solo en alguna o algunas de ellas se cumplan los requisitos señalados en las letras a) o a) y b) anteriores, la aplicación de la exención se referirá a aquella parte de los dividendos o participaciones en beneficios recibidos por el contribuyente respecto de entidades en las que se cumplan los citados requisitos.

No se aplicará la exención prevista en este apartado, respecto del importe de aquellos dividendos o participaciones en beneficios cuya distribución genere un gasto fiscalmente deducible en la entidad pagadora.

Para la aplicación de este artículo, en el caso de distribución de reservas se atenderá a la designación contenida en el acuerdo social y, en su defecto, se considerarán aplicadas las últimas cantidades abonadas a dichas reservas.

(...)

10. El importe de los dividendos o participaciones en beneficios de entidades y el importe de la renta positiva obtenida en la transmisión de la participación en una entidad y en el resto de supuestos a que se refiere el apartado 3 anterior, a los que resulte de aplicación la exención prevista en este artículo, se reducirá, a efectos de la aplicación de dicha exención, en un 5 por ciento en concepto de gastos de gestión referidos a dichas participaciones.

11. La reducción aplicable a dividendos o participaciones en beneficios de entidades a que se refiere el apartado anterior no será de aplicación cuando concurran las siguientes circunstancias:

a) los dividendos o participaciones en beneficios sean percibidos por una entidad cuyo importe neto de la cifra de negocios habida en el período impositivo inmediato anterior sea inferior a 40 millones de euros.

A efectos de determinar el importe neto de la cifra de negocios será de aplicación lo dispuesto en el apartado 2 del artículo 101 de esta Ley.

La entidad a que se refiere esta letra deberá cumplir los siguientes requisitos:

i) no tener la consideración de entidad patrimonial en los términos establecidos en el apartado 2 del artículo 5 de esta Ley;

ii) no formar parte, con carácter previo a la constitución de la entidad a que se refiere la letra b) de este apartado, de un grupo de sociedades en el sentido del artículo 42 del Código de Comercio, con independencia de la residencia y de la obligación de formular cuentas anuales consolidadas;

iii) no tener, con carácter previo a la constitución de la entidad a que se refiere la letra b) de este apartado, un porcentaje de participación, directa o indirecta, en el capital o en los fondos propios de otra entidad igual o superior al 5 por ciento

b) los dividendos o participaciones en beneficios procedan de una entidad constituida con posterioridad al 1 de enero de 2021 en la que se ostente, de forma directa y desde su constitución, la totalidad del capital o los fondos propios.

c) los dividendos o participaciones en beneficios se perciban en los períodos impositivos que concluyan en los 3 años inmediatos y sucesivos al año de constitución de la entidad que los distribuya».

> **A TENER EN CUENTA.** Este artículo fue modificado por la Ley 11/2020, de 31 de diciembre, con efectos para períodos impositivos iniciados a partir de 1 de enero de 2021, que eliminó la posibilidad de acogerse a esta exención cuando el valor de adquisición de la participación superase los 20 millones de euros, con independencia del porcentaje de participación. La reforma también incorporó los apartados 10 y 11 al precepto.

En este caso, **las sociedades que cobren los dividendos podrán acogerse a esta exención cuando se cumplan los dos requisitos**, cuantitativo y temporal, que se recogen en el artículo que acaba de citarse:

- Al estar repartidas las participaciones únicamente entre ambos socios, queda más que cumplido el requisito cuantitativo.
- Por lo que se refiere al requisito temporal, asumiendo que, en el momento en el que los beneficios son exigibles, las participaciones en la sociedad se poseen de forma ininterrumpida desde hace casi cinco años, también podría considerarse cumplido.

Asimismo, habría que comprobar que en el concreto caso no se excluye la posibilidad de aplicar la exención conforme a los apartados 1, 2 y 9 del artículo 21 de la LIS.

Caso práctico | Período mínimo de tenencia de la participación para la exención en IS por dividendos si se aplicó el régimen FEAC

PLANTEAMIENTO

En julio de 2024, dos personas físicas aportaron las participaciones que tenían en la sociedad «XY» a una sociedad *holding* de nueva creación, mediante una operación de canje de valores por la que se acogieron al régimen de neutralidad fiscal regulado en el capítulo VII del título VII de la LIS. Las personas físicas no integraron en su IRPF las rentas derivadas del canje de valores y las participaciones adquiridas por la *holding* se valoraron, a efectos fiscales, por el valor fiscal que tenían en el patrimonio de los socios personas físicas, conservando la fecha de adquisición de los socios aportantes. En ese sentido, la sociedad «XY» se había constituido en 2019, momento en el que los aportantes adquirieron las participaciones que luego aportaron a la *holding*.

En abril de 2025, la sociedad «XY» va a repartir a la sociedad *holding* dividendos generados con posterioridad a la reestructuración empresarial, así que la perceptora de los dividendos se pregunta si podrá aplicar con respecto a ellos la exención del apartado 1 del artículo 21 de la LIS, a fin de evitar la doble imposición. Tanto la sociedad *holding* como la sociedad «XY» son entidades residentes en territorio español y la primera participa en el capital social de la segunda en un 90 %.

RESPUESTA

Dado que parecen cumplirse los requisitos que para la exención por dividendos se exigen en el artículo 21.1 de la LIS (en especial, los de porcentaje de participación significativo y de período mínimo de tenencia o antigüedad de la participación), los dividendos que la sociedad *holding* cobre de la sociedad «XY» podrían quedar exentos en un 95 %.

Para que pueda aplicarse la exención para evitar la doble imposición interna sobre dividendos tendrán que cumplirse los requisitos que establece el artículo 21 de la LIS:

«1. Estarán exentos los dividendos o participaciones en beneficios de entidades, cuando se cumplan los siguientes requisitos:

a) Que el **porcentaje de participación**, directa o indirecta, en el capital o en los fondos propios de la entidad sea, al menos, del 5 por ciento.

La participación correspondiente se deberá poseer de manera ininterrumpida durante el año anterior al día en que sea exigible el beneficio que se distribuya o, en su defecto, se deberá mantener posteriormente durante el tiempo necesario para completar dicho plazo. Para el cómputo del plazo se tendrá también en cuenta el período en que la participación haya sido poseída ininterrumpidamente por otras entidades que reúnan las circunstancias a que se refiere el artículo 42 del Código de Comercio para formar parte del mismo grupo de sociedades, con independencia de la residencia y de la obligación de formular cuentas anuales consolidadas.

En el supuesto de que la entidad participada obtenga dividendos, participaciones en beneficios o rentas derivadas de la transmisión de valores representativos del capital o de los fondos propios de entidades en más del 70 por ciento de sus ingresos, la aplicación de esta exención respecto de dichas rentas requerirá que el contribuyente tenga una participación indirecta en esas entidades que cumpla los requisitos señalados en esta letra. El referido porcentaje de ingresos se calculará sobre el resultado consolidado del ejercicio, en el caso de que la entidad directamente participada sea dominante de un grupo según los criterios establecidos en el artículo 42 del Código de Comercio, y formule cuentas anuales consolidadas. No obstante, la participación indirecta en filiales de segundo o ulterior nivel deberá respetar el porcentaje mínimo del 5 por ciento, salvo que dichas filiales reúnan las circunstancias a que se refiere el artículo 42 del Código de Comercio para formar parte del mismo grupo de sociedades con la entidad directamente participada y formulen estados contables consolidados.

El requisito exigido en el párrafo anterior no resultará de aplicación cuando el contribuyente acredite que los dividendos o participaciones en beneficios percibidos se han integrado en la base imponible de la entidad directa o indirectamente participada como dividendos, participaciones en beneficios o rentas derivadas de la transmisión de valores representativos del capital o de los fondos propios de entidades sin tener derecho a la aplicación de un régimen de exención o de deducción por doble imposición.

b) Adicionalmente, en el caso de participaciones en el capital o en los fondos propios de entidades no residentes en territorio español, que la entidad participada haya estado sujeta y no exenta por un impuesto extranjero de naturaleza idéntica o análoga a este Impuesto a un tipo nominal de, al menos, el 10 por ciento en el ejercicio en que se hayan obtenido los beneficios que se reparten o en los que se participa, con independencia de la aplicación de algún tipo de exención, bonificación, reducción o deducción sobre aquellos

(...)

No se aplicará la exención prevista en este apartado, respecto del importe de aquellos dividendos o participaciones en beneficios cuya distribución genere un gasto fiscalmente deducible en la entidad pagadora.

Para la aplicación de este artículo, en el caso de distribución de reservas se atenderá a la designación contenida en el acuerdo social y, en su defecto, se considerarán aplicadas las últimas cantidades abonadas a dichas reservas.

(...)

10. El importe de los dividendos o participaciones en beneficios de entidades y el importe de la renta positiva obtenida en la transmisión de la participación en una entidad y en el resto de supuestos a que se refiere el apartado 3 anterior, a los que resulte de aplicación la exención prevista en este artículo, **se reducirá, a efectos de la aplicación de dicha exención, en un 5 por ciento en concepto de gastos de gestión** referidos a dichas participaciones

11. La reducción aplicable a dividendos o participaciones en beneficios de entidades a que se refiere el apartado anterior no será de aplicación cuando concurran las siguientes circunstancias:

a) los dividendos o participaciones en beneficios sean percibidos por una entidad cuyo importe neto de la cifra de negocios habida en el período impositivo inmediato anterior sea inferior a 40 millones de euros.

A efectos de determinar el importe neto de la cifra de negocios será de aplicación lo dispuesto en el apartado 2 del artículo 101 de esta Ley.

La entidad a que se refiere esta letra deberá cumplir los siguientes requisitos:

i) no tener la consideración de entidad patrimonial en los términos establecidos en el apartado 2 del artículo 5 de esta Ley;

ii) no formar parte, con carácter previo a la constitución de la entidad a que se refiere la letra b) de este apartado, de un grupo de sociedades en el sentido del artículo 42 del Código de Comercio, con independencia de la residencia y de la obligación de formular cuentas anuales consolidadas;

iii) no tener, con carácter previo a la constitución de la entidad a que se refiere la letra b) de este apartado, un porcentaje de participación, directa o indirecta, en el capital o en los fondos propios de otra entidad igual o superior al 5 por ciento

b) los dividendos o participaciones en beneficios procedan de una entidad constituida con posterioridad al 1 de enero de 2021 en la que se ostente, de forma directa y desde su constitución, la totalidad del capital o los fondos propios.

c) los dividendos o participaciones en beneficios se perciban en los períodos impositivos que concluyan en los 3 años inmediatos y sucesivos al año de constitución de la entidad que los distribuya».

Resumiendo, los requisitos a los que se condiciona la exención serían los siguientes:

- **Porcentaje de participación significativo** (al menos, del 5 %). Este requisito se cumple sobradamente.

- **Período mínimo de tenencia o antigüedad de la participación** (posesión ininterrumpida durante el año anterior o mantenimiento posterior por el tiempo necesario). En el concreto supuesto, dado que la sociedad *holding* adquirió las participaciones mediante una operación de canje de valores que disfrutó del **régimen de neutralidad o diferimiento fiscal del capítulo VII del título VII de la LIS** (también conocido como régimen FEAC), atendiendo al artículo 80 de la LIS, el **valor y la fecha de adquisición de los valores adquiridos por la beneficiaria de la operación serán los existentes en sede de los socios aportantes.** En consecuencia, como apunta la Dirección General de Tributos en su consulta vinculante (V0930-24), de 25 de abril de 2024, las participaciones que la holding recibió de las personas físicas aportantes conservarán la fecha y el valor de adquisición existentes en sede de las mismas; y «si la fecha de adquisición originaria fuese superior al año, o si se mantuviese posteriormente la participación durante el tiempo necesario para completar dicho plazo, se consideraría cumplido el requisito previsto en el artículo 21.1 de la LIS».

- Requisito específico de participación indirecta para el caso de que la participada participe a su vez en otras entidades. Como en el planteamiento no se indica lo contrario, entendemos que la sociedad «XY» no participa, a su vez, en otras entidades, así que no entraría en juego este requisito.

- Requisito adicional de tributación mínima para el caso de participaciones en entidades no residentes en territorio español. En el planteamiento se señala expresamente que tanto la sociedad holding como la participada residen en territorio español, así que tampoco sería necesario entrar a analizar este requisito.

A TENER EN CUENTA. El cumplimiento de los requisitos previstos en el artículo 21 de la LIS es una cuestión de hecho que deberá ser acreditada, por cualquier medio de prueba admisible en derecho, ante los órganos competentes en materia de comprobación de la Administración tributaria.

Como parece que se cumplen los requisitos necesarios y que no se trata de un supuesto en el que no pueda aplicarse la exención conforme al apartado 9 del artículo 21 de la LIS, los dividendos que cobra la sociedad holding podrían quedar exentos al amparo del artículo 21.1 de la LIS. A la vista de los apartados 10 y 11 del precepto, la exención se aplicaría con la reducción del 5 % en concepto de gastos de gestión.

Caso práctico | Requisito de participación indirecta en filiales de segundo nivel para la exención en IS por dividendos si existe grupo y se presentan cuentas anuales consolidadas

PLANTEAMIENTO

La sociedad «X» participa en un 20 % en la sociedad «A» y, por su parte, la sociedad «A» participa en un 100 % en la sociedad «B». A su vez, la sociedad «B» participa en la sociedad «C» en un 80 %. A su vez, la sociedad «A» es la dominante de un grupo mercantil en el sentido del artículo 42 del Código de Comercio y formula cuentas anuales consolidadas con, entre otras, las sociedades «B» y «C».

Más del 70 % de los ingresos de las entidades «A», «B» y «C» proceden de dividendos y rentas derivadas de la transmisión de valores representativos del capital o de los fondos propios de las otras entidades, tanto si se toman los estados financieros individuales como consolidados.

Todas las participaciones mencionadas se poseen de forma interrumpida por sus respectivos titulares desde hace varios años y las distintas entidades son residentes en territorio español.

¿Los dividendos que la sociedad «X» cobre de «A», que proceden de dividendos distribuidos por «B» y «C», podrán quedar exentos al amparo del apartado 1 del artículo 21 de la LIS?

RESPUESTA

El artículo 21 de la LIS establece un régimen general de exención sobre dividendos y rentas derivadas de la transmisión de valores representativos de los fondos propios de entidades residentes y no residentes en territorio español, conforme al cual:

«1. Estarán exentos los dividendos o participaciones en beneficios de entidades, cuando se cumplan los siguientes requisitos:

a) Que el **porcentaje de participación, directa o indirecta, en el capital o en los fondos propios de la entidad sea, al menos, del 5 por ciento.**

La **participación correspondiente se deberá poseer de manera ininterrumpida durante el año anterior al día en que sea exigible el beneficio que se distribuya o, en su defecto, se deberá mantener posteriormente** durante el tiempo necesario para completar dicho plazo. Para el cómputo del plazo se tendrá también en cuenta el período en que la participación haya sido poseída ininterrumpidamente por otras entidades que reúnan las circunstancias a que se refiere el artículo 42 del Código de Comercio para formar parte del mismo grupo de sociedades, con independencia de la residencia y de la obligación de formular cuentas anuales consolidadas.

En el **supuesto de que la entidad participada obtenga dividendos, participaciones en beneficios o rentas derivadas de la transmisión de valores representativos del capital o de los fondos propios de entidades en más del 70 por ciento de sus ingresos,** la aplicación de esta exención respecto de dichas rentas requerirá que el contribuyente tenga una **participación indirecta** en esas entidades que cumpla los requisitos señalados en esta letra. El referido porcentaje de ingresos se calculará sobre el resultado consolidado del ejercicio, en el caso de que la entidad directamente participada sea dominante de un grupo según los criterios establecidos en el artículo 42 del Código de Comercio, y formule cuentas anuales consolidadas. No obstante, la participación indirecta en filiales de segundo o ulterior nivel deberá respetar el porcentaje mínimo del 5 por ciento, salvo que dichas filiales reúnan las circunstancias a que se refiere el artículo 42 del Código de Comercio para formar parte del mismo grupo de sociedades con la entidad directamente participada y formulen estados contables consolidados.

El requisito exigido en el párrafo anterior no resultará de aplicación cuando el contribuyente acredite que los dividendos o participaciones en beneficios percibidos se han integrado en la base imponible de la entidad directa o indirectamente participada como dividendos, participaciones en beneficios o rentas derivadas de la transmisión de valores representativos del capital o de los fondos propios de entidades sin tener derecho a la aplicación de un régimen de exención o de deducción por doble imposición.

b) Adicionalmente, en el caso de participaciones en el capital o en los fondos propios de entidades no residentes en territorio español, que la entidad participada haya estado sujeta y no exenta por un impuesto extranjero de naturaleza idéntica o análoga a este Impuesto a un tipo nominal de, al menos, el 10 por ciento en el ejercicio en que se hayan obtenido los beneficios que se reparten o en los que se participa, con independencia de la aplicación de algún tipo de exención, bonificación, reducción o deducción sobre aquellos.

(...)

En el supuesto de que la entidad participada, residente o no residente en territorio español, obtenga dividendos, participaciones en beneficios o rentas derivadas de la transmisión de valores representativos del capital o de los fondos propios de entidades procedentes de dos o más entidades respecto de las que solo en alguna o algunas de ellas se cumplan los requisitos señalados en las letras a) o a) y b) anteriores, la aplicación de la exención se referirá a aquella parte de los dividendos o participaciones en beneficios recibidos por el contribuyente respecto de entidades en las que se cumplan los citados requisitos.

No se aplicará la exención prevista en este apartado, respecto del importe de aquellos dividendos o participaciones en beneficios cuya distribución genere un gasto fiscalmente deducible en la entidad pagadora.

Para la aplicación de este artículo, en el caso de distribución de reservas se atenderá a la designación contenida en el acuerdo social y, en su defecto, se considerarán aplicadas las últimas cantidades abonadas a dichas reservas.

(...)

9. No se aplicará la exención prevista en este artículo:

a) A las rentas distribuidas por el fondo de regulación de carácter público del mercado hipotecario.

b) A las rentas obtenidas por agrupaciones de interés económico españolas y europeas, y por uniones temporales de empresas, cuando, al menos uno de sus socios, tenga la condición de persona física.

c) A las rentas de fuente extranjera que la entidad integre en su base imponible y en relación con las cuales opte por aplicar, si procede, la deducción establecida en los artículos 31 o 32 de esta Ley.

(...)».

A TENER EN CUENTA. El cumplimiento de los requisitos previstos en el artículo 21 de la LIS es una cuestión de hecho, que deberá ser acreditada por cualquier medio de prueba admisible en derecho ante los órganos competentes en materia de comprobación de la Administración tributaria.

Entendiendo que se cumplen los requisitos de porcentaje y período mínimo de tenencia de la participación, y que no entraría en juego el requisito adicional de tributación mínima (por ser todas las sociedades residentes en territorio español) y que tampoco se trata de alguno de los supuestos en los que no cabe la exención, nos centraremos en el estudio del **requisito específico de participación indirecta, que resulta de aplicación siempre que la participada a su vez participe en otras entidades y obtenga de ellas cierto porcentaje de ingresos.** En concreto, cuando la entidad participada obtenga dividendos, participaciones en beneficios o rentas derivadas de la transmisión de valores representativos del capital o de los fondos propios de entidades en **más del 70 %** de sus ingresos, la aplicación de la exención respecto de dichas rentas requerirá que el contribuyente tenga una participación indirecta en esas entidades que cumpla los requisitos de porcentaje significativo y período mínimo de tenencia.

En el planteamiento se indica que la sociedad «A», que es la que reparte los dividendos cuya exención se pretende, participa en otras filiales de segundo o ulterior nivel; y se parte de la idea de que «A», «B» y «C» tienen la consideración de entidades *holding* a los efectos de este requisito para la exención, dado que obtienen dividendos y rentas derivadas de la transmisión de valores representativos del capital o de los fondos propios que suponen más del 70 % de sus ingresos, tanto si se toman los estados financieros individuales como consolidados. Por lo tanto, en principio, parece que se exigiría que la sociedad perceptora de los dividendos tuviera una participación indirecta en las filiales de segundo y posterior nivel que cumpliera con los requisitos de porcentaje significativo y período mínimo de tenencia. Sin embargo, en este supuesto entraría en juego la previsión que recoge el inciso final del tercer párrafo del artículo 21.1.a) de la LIS, según la cual «la participación indirecta en filiales de segundo o ulterior nivel deberá respetar el porcentaje mínimo del 5 por ciento, salvo que dichas filiales reúnan las circunstancias a que se refiere el artículo 42 del Código de Comercio para formar parte del mismo grupo de sociedades con la entidad directamente participada y formulen estados contables consolidados».

Dado que las sociedades «A», «B» y «C» formulan forman parte del mismo grupo mercantil y dicho grupo presenta cuentas anuales consolidadas, no sería necesario que la entidad «X» posea una participación indirecta en las sociedades «B» y «C» de, al menos, el 5 %. En ese sentido se pronuncia, por ejemplo, la consulta vinculante de la DGT (V2234-24), de 15 de octubre de 2024, que aborda un supuesto similar.

Por lo tanto, al cumplirse los requisitos exigidos por el precepto, parece que la sociedad «X» podría beneficiarse de la exención regulada en el artículo 21 de la LIS en relación con los dividendos que cobre de «A». Y, en ese sentido, conviene señalar que, a efectos de aplicar la exención, el importe del ingreso que deberá computarse se reducirá en un 5 % en concepto de gastos de gestión referidos a la participación de la que proceden los dividendos distribuidos, conforme al apartado 10 del artículo 21 de la LIS, salvo que dicha reducción no resulte de aplicación conforme al apartado 11 del mismo precepto.

Caso práctico | Exención en el IS para evitar la doble imposición por dividendos cobrados de sociedad residente en país con el que España tenga CDI (México)

PLANTEAMIENTO

La sociedad «TB SL», residente en España, participa desde hace diez años en un 50 % en el capital social de una entidad residente en México.

Cuando la participada reparta dividendos, ¿la sociedad española podrá aplicar la exención para evitar la doble imposición del artículo 21 de la LIS?

RESPUESTA

La exención del artículo 21 de la LIS podrá aplicarse si se cumplen los diversos requisitos a los que se condiciona. En particular, como la sociedad participada reside en México, podría considerarse cumplido el requisito de tributación mínima exigido en el apartado 1.b) del precepto siempre que a dicha sociedad le resultase de aplicación el Convenio entre el Reino de España y los Estados Unidos Mexicanos para evitar la doble imposición en materia de impuestos sobre la renta y el patrimonio y prevenir el fraude y la evasión fiscal y Protocolo anejo, firmado en Madrid el 24 de julio de 1992.

El artículo 21 de la LIS establece un régimen general de exención sobre dividendos y rentas derivadas de la transmisión de valores representativos de los fondos propios de entidades residentes y no residentes en territorio español, en los siguientes términos (por lo que aquí interesa):

«1. Estarán exentos los dividendos o participaciones en beneficios de entidades, cuando se cumplan los siguientes requisitos:

a) Que el porcentaje de participación, directa o indirecta, en el capital o en los fondos propios de la entidad sea, al menos, del 5 por ciento.

La participación correspondiente se deberá poseer de manera ininterrumpida durante el año anterior al día en que sea exigible el beneficio que se distribuya o, en su defecto, se deberá mantener posteriormente durante el tiempo necesario para completar dicho plazo. Para el cómputo del plazo se tendrá también en cuenta el período en que la participación haya sido poseída ininterrumpidamente por otras entidades que reúnan las circunstancias a que se refiere el artículo 42 del Código de Comercio para formar parte del mismo grupo de sociedades, con independencia de la residencia y de la obligación de formular cuentas anuales consolidadas.

En el supuesto de que la entidad participada obtenga dividendos, participaciones en beneficios o rentas derivadas de la transmisión de valores representativos del capital o de los fondos propios de entidades en más del 70 por ciento de sus ingresos, la aplicación de esta exención respecto de dichas rentas requerirá que el contribuyente tenga una participación indirecta en esas entidades que cumpla los requisitos señalados en esta letra. El referido porcentaje de ingresos se calculará sobre el resultado consolidado del ejercicio, en el caso de que la entidad directamente participada sea dominante de un grupo según los criterios establecidos en el artículo 42 del Código de Comercio, y formule cuentas anuales consolidadas. No obstante, la participación indirecta en filiales de segundo o ulterior nivel deberá respetar el porcentaje mínimo del 5 por ciento, salvo que dichas filiales reúnan las circunstancias a que se refiere el artículo 42 del Código de Comercio para formar parte del mismo grupo de sociedades con la entidad directamente participada y formulen estados contables consolidados.

El requisito exigido en el párrafo anterior no resultará de aplicación cuando el contribuyente acredite que los dividendos o participaciones en beneficios percibidos se han integrado en la base imponible de la entidad directa o indirectamente participada como dividendos, participaciones en beneficios o rentas derivadas de la transmisión de valores representativos del capital o de los fondos propios de entidades sin tener derecho a la aplicación de un régimen de exención o de deducción por doble imposición.

b) **Adicionalmente, en el caso de participaciones en el capital o en los fondos propios de entidades no residentes en territorio español**, que la entidad participada haya estado sujeta y no exenta por un impuesto extranjero de naturaleza idéntica o análoga a este Impuesto a un tipo nominal de, al menos, el 10 por ciento en el ejercicio en que se hayan obtenido los beneficios que se reparten o en los que se participa, con independencia de la aplicación de algún tipo de exención, bonificación, reducción o deducción sobre aquellos.

A estos efectos, se tendrán en cuenta aquellos tributos extranjeros que hayan tenido por finalidad la imposición de la renta obtenida por la entidad participada, con independencia de que el objeto del tributo lo constituya la renta, los ingresos o cualquier otro elemento indiciario de aquella.

Se considerará cumplido este requisito, cuando la entidad participada sea residente en un país con el que España tenga suscrito un convenio para evitar la doble imposición internacional, que le sea de aplicación y que contenga cláusula de intercambio de información.

En ningún caso se entenderá cumplido este requisito cuando la entidad participada sea residente en un país o territorio calificado como paraíso fiscal, excepto que resida en un Estado miembro de la Unión Europea y el contribuyente acredite que su constitución y operativa responde a motivos económicos válidos y que realiza actividades económicas.

En el supuesto de que la entidad participada no residente obtenga dividendos, participaciones en beneficios o rentas derivadas de la transmisión de valores representativos del capital o de los fondos propios de entidades, la aplicación de esta exención respecto de dichas rentas requerirá que el requisito previsto en esta letra se cumpla, al menos, en la entidad indirectamente participada.

En el supuesto de que la entidad participada, residente o no residente en territorio español, obtenga dividendos, participaciones en beneficios o rentas derivadas de la transmisión de valores representativos del capital o de los fondos propios de entidades procedentes de dos o más entidades respecto de las que solo en alguna o algunas de ellas se cumplan los requisitos señalados en las letras a) o a) y b) anteriores, la aplicación de la exención se referirá a aquella parte de los dividendos o participaciones en beneficios recibidos por el contribuyente respecto de entidades en las que se cumplan los citados requisitos.

No se aplicará la exención prevista en este apartado, respecto del importe de aquellos dividendos o participaciones en beneficios cuya distribución genere un gasto fiscalmente deducible en la entidad pagadora.

Para la aplicación de este artículo, en el caso de distribución de reservas se atenderá a la designación contenida en el acuerdo social y, en su defecto, se considerarán aplicadas las últimas cantidades abonadas a dichas reservas.

(...)».

Por lo tanto, los dividendos que la sociedad residente en México reparta a la española podrían beneficiarse de la exención del artículo 21 de la LIS en la medida en la que cumplan los requisitos que en él se exigen.

En este concreto supuesto, partiendo de la base de que concurren los requisitos de porcentaje de participación significativo y de antigüedad de la participación, y considerando que no entraría en juego el requisito de participación indirecta en filiales de segundo o ulterior nivel; nos centraremos en **ver si se cumple el requisito de tributación mínima establecido en la letra b) del apartado 1 del precepto** (dado que la participada que distribuye los dividendos no reside en territorio español).

Tal y como indicó la DGT en su consulta vinculante de la DGT (V0031-25), de 15 de enero de 2025, para que se cumpla dicho requisito con respecto a la sociedad participada, dicha entidad:

- Deberá ser **residente fiscal en un país con el que España tenga suscrito un convenio para evitar la doble imposición internacional, que le sea de aplicación y que contenga cláusula de intercambio de información.**

- O bien, en su defecto, deberá haber estado **sujeta y no exenta por un impuesto extranjero de naturaleza idéntica o análoga al IS español a un tipo nominal de, al menos, el 10 %** en los ejercicios en los que se hubieran obtenido los beneficios objeto de distribución, con independencia de la aplicación de algún tipo de exención, bonificación, reducción o deducción sobre aquellos.

- Y, ello, siempre que, adicionalmente, **no residiera en un país o territorio calificado como paraíso fiscal.**

La sociedad participada es residente fiscal en México, así que se consideraría cumplido el requisito del artículo 21.1.b) de la LIS, siempre que a dicha sociedad le resultase de aplicación el Convenio entre el Reino de España y los Estados Unidos Mexicanos para evitar la doble imposición en materia de impuestos sobre la renta y el patrimonio y prevenir el fraude y la evasión fiscal y Protocolo anejo, firmado en Madrid el 24 de julio de 1992 (BOE de 27 de octubre de 1994).

Así las cosas, parece que se cumplirían los requisitos para la exención y que los dividendos que la sociedad residente en México distribuya a la residente en España podrían beneficiarse de la misma, siempre que no quede excluida su aplicación conforme al apartado 9 del mismo precepto. El cumplimiento de todos y cada uno de los requisitos exigidos es una cuestión de hecho que deberá ser acreditada por cualquier medio de prueba admisible en derecho ante los órganos competentes en materia de comprobación de la Administración tributaria.

Finalmente, conviene resaltar que, de cara a la exención, el importe de los dividendos se reducirá en un 5 % en concepto de gastos de gestión referidos a la participación de la que proceden los dividendos, tal y como establece el apartado 10 del artículo 21 de la LIS (al no resultar de aplicación en este caso la salvedad del apartado 11).

Caso práctico | Exención en IS por cobro de dividendos con participación inferior al 5 % adquirida antes de 2021 por valor superior a 20 millones de euros

PLANTEAMIENTO

En el año 2019, la sociedad limitada «TR SL», cuyo ejercicio coincide con el año natural, invirtió en el capital social de una entidad muy bien posicionada en el mercado (la sociedad «X»). Adquirió una participación en la misma del 4 %, por un valor de 25 millones de euros. En 2025, «TR SL» va a cobrar una gran suma de la sociedad en la que participa, en concepto de dividendos.

¿Los dividendos que «TR SL» cobre en 2025 podrán beneficiarse de la exención prevista en el apartado 1 del artículo 21 de la LIS, aún a pesar de que su porcentaje de participación en la sociedad «X» no llegue al 5 %? ¿Y los que cobre en 2026?

RESPUESTA

Sí, los dividendos que «TR SL» cobre en 2025 de la sociedad «X» podrán beneficiarse de la exención prevista en el artículo 21.1 de la LIS, por aplicación de la disposición transitoria cuadragésima de la LIS, siempre que se cumplan todos los requisitos necesarios para la exención. Sin embargo, en los períodos impositivos que se inicien a partir de 1 de enero de 2026 dicho régimen transitorio ya no resultará de aplicación, así que «TR SL» no podrá disfrutar de la exención por los dividendos que cobre en dicho momento, salvo que amplíe su porcentaje de participación en la sociedad «X» hasta el 5 %.

Según el apartado 1 del artículo 21 de la LIS, estarán exentos los dividendos o participaciones en beneficios de entidades cuando se cumplan los siguientes requisitos:

«a) Que el porcentaje de participación, directa o indirecta, en el capital o en los fondos propios de la entidad sea, al menos, del 5 por ciento.

La participación correspondiente se deberá poseer de manera ininterrumpida durante el año anterior al día en que sea exigible el beneficio que se distribuya o, en su defecto, se deberá mantener posteriormente durante el tiempo necesario para completar dicho plazo. Para el cómputo del plazo se tendrá también en cuenta el período en que la participación haya sido poseída ininterrumpidamente por otras entidades que reúnan las circunstancias a que se refiere el artículo 42 del Código de Comercio para formar parte del mismo grupo de sociedades, con independencia de la residencia y de la obligación de formular cuentas anuales consolidadas.

En el supuesto de que la entidad participada obtenga dividendos, participaciones en beneficios o rentas derivadas de la transmisión de valores representativos del capital o de los fondos propios de entidades en más del 70 por ciento de sus ingresos, la aplicación de esta exención respecto de dichas rentas requerirá que el contribuyente tenga una participación indirecta en esas entidades que cumpla los requisitos señalados en esta letra. El referido porcentaje de ingresos se calculará sobre el resultado consolidado del ejercicio, en el caso de que la entidad directamente participada sea dominante de un grupo según los criterios establecidos en el artículo 42 del Código de Comercio, y formule cuentas anuales consolidadas. No obstante, la participación indirecta en filiales de segundo o ulterior nivel deberá respetar el porcentaje mínimo del 5 por ciento, salvo que dichas filiales reúnan las circunstancias a que se refiere el artículo 42 del Código de Comercio para formar parte del mismo grupo de sociedades con la entidad directamente participada y formulen estados contables consolidados.

El requisito exigido en el párrafo anterior no resultará de aplicación cuando el contribuyente acredite que los dividendos o participaciones en beneficios percibidos se han integrado en la base imponible de la entidad directa o indirectamente participada como dividendos, participaciones en beneficios o rentas derivadas de la transmisión de valores representativos del capital o de los fondos propios de entidades sin tener derecho a la aplicación de un régimen de exención o de deducción por doble imposición.

b) Adicionalmente, en el caso de participaciones en el capital o en los fondos propios de entidades no residentes en territorio español, que la entidad participada haya estado sujeta y no exenta por un impuesto extranjero de naturaleza idéntica o análoga a este Impuesto a un tipo nominal de, al menos, el 10 por ciento en el ejercicio en que se hayan obtenido los beneficios que se reparten o en los que se participa, con independencia de la aplicación de algún tipo de exención, bonificación, reducción o deducción sobre aquellos.

A estos efectos, se tendrán en cuenta aquellos tributos extranjeros que hayan tenido por finalidad la imposición de la renta obtenida por la entidad participada, con independencia de que el objeto del tributo lo constituya la renta, los ingresos o cualquier otro elemento indiciario de aquella.

Se considerará cumplido este requisito, cuando la entidad participada sea residente en un país con el que España tenga suscrito un convenio para evitar la doble imposición internacional, que le sea de aplicación y que contenga cláusula de intercambio de información.

En ningún caso se entenderá cumplido este requisito cuando la entidad participada sea residente en un país o territorio calificado como paraíso fiscal, excepto que resida en un Estado miembro de la Unión Europea y el contribuyente acredite que su constitución y operativa responde a motivos económicos válidos y que realiza actividades económicas.

En el supuesto de que la entidad participada no residente obtenga dividendos, participaciones en beneficios o rentas derivadas de la transmisión de valores representativos del capital o de los fondos propios de entidades, la aplicación de esta exención respecto de dichas rentas requerirá que el requisito previsto en esta letra se cumpla, al menos, en la entidad indirectamente participada.

En el supuesto de que la entidad participada, residente o no residente en territorio español, obtenga dividendos, participaciones en beneficios o rentas derivadas de la transmisión de valores representativos del capital o de los fondos propios de entidades procedentes de dos o más entidades respecto de las que solo en alguna o algunas de ellas se cumplan los requisitos señalados en las letras a) o a) y b) anteriores, la aplicación de la exención se referirá a aquella parte de los dividendos o participaciones en beneficios recibidos por el contribuyente respecto de entidades en las que se cumplan los citados requisitos.

No se aplicará la exención prevista en este apartado, respecto del importe de aquellos dividendos o participaciones en beneficios cuya distribución genere un gasto fiscalmente deducible en la entidad pagadora.

Para la aplicación de este artículo, en el caso de distribución de reservas se atenderá a la designación contenida en el acuerdo social y, en su defecto, se considerarán aplicadas las últimas cantidades abonadas a dichas reservas».

La redacción de este precepto es **fruto de la reforma realizada en el mismo por parte de la Ley 11/2020, de 30 de diciembre, con efectos para los períodos impositivos iniciados a partir del 1 de enero de 2021.** Desde entonces, el primer requisito para la exención consiste en que el contribuyente tenga un porcentaje de participación, directa o indirecta, en el capital o en los fondos propios de la entidad de, al menos, del 5 %. Con carácter previo, lo que se exigía era que «el porcentaje de participación, directa o indirecta, en el capital o en los fondos propios de la entidad sea, al menos, del 5 por ciento o bien que el valor de adquisición de la participación sea superior a 20 millones de euros».

Dado ese cambio, la misma norma introdujo un régimen transitorio en la disposición transitoria cuadragésima de la LIS, que permite que las **participaciones adquiridas en los períodos impositivos iniciados con anterioridad al 1 de enero de 2021, que tuvieran un valor de adquisición superior a 20 millones de euros sin alcanzar el porcentaje** establecido en el primer párrafo de la letra a) del apartado 1 del artículo 21 de la LIS, **apliquen la exención,** siempre que cumplan el resto de los requisitos previstos exigidos en el artículo 21 de la LIS durante los **períodos impositivos que se inicien dentro de los años 2021, 2022, 2023, 2024 y 2025.**

Con respecto a la aplicación de este régimen transitorio, la consulta vinculante de la DGT (V0886-24), de 23 de abril de 2024, aclara lo siguiente:

> «(...) en aras del principio de seguridad jurídica, consagrado en el artículo 9.3 de la Constitución Española, con el fin de salvaguardar las expectativas de los contribuyentes generadas bajo la normativa vigente con anterioridad a la modificación introducida mediante Ley 11/2020, de 30 de diciembre, el legislador reguló el régimen transitorio previamente analizado, de forma que, aquellos contribuyentes que con anterioridad a 1 de enero de 2021 hubieran adoptado unas determinadas decisiones de inversión en un contexto normativo determinado (en el que se permitía la aplicación de la exención de dividendos y plusvalías derivadas de participaciones no significativas (inferiores al 5%) con un valor de adquisición superior a 20 millones de euros) no vieran frustradas sus expectativas y pudieran continuar aplicando, ceteris paribus, el régimen de exención contenido en el artículo 21 de la LIS por un período de cinco años. **Una vez transcurrido el referido período transitorio, para los períodos impositivos iniciados a partir de 01 de enero de 2026, tales contribuyentes sólo podrán aplicar la exención prevista en el artículo 21 LIS en los términos legalmente establecidos.**
>
> Tratándose de inversores que con anterioridad al 1 de enero de 2021 cumplían simultáneamente los dos requisitos alternativos, previstos en el artículo 21.1.a) de la LIS, que condicionan la aplicación del artículo 21 de la LIS (porcentaje de participación de, al menos un 5% y valor de adquisición superior a 20 millones de euros), no resultará de aplicación la disposición transitoria cuadragésima de la LIS.
>
> En efecto, así se desprende de lo dispuesto en la propia disposición transitoria cuadragésima puesto que la misma solo resulta de aplicación tratándose de "participaciones adquiridas en los períodos impositivos iniciados con anterioridad al 1 de enero de 2021 que tuvieran un valor de adquisición superior a 20 millones de euros sin alcanzar el porcentaje establecido en el primer párrafo de la letra a) del apartado 1 del artículo 21 de esta Ley", y ello es plenamente acorde con el régimen transitorio previamente analizado, en la medida en que en el momento en que entró en vigor la nueva redacción dada al artículo 21 de la LIS mediante Ley 11/2020, tales contribuyentes ya cumplían el requisito del porcentaje de participación legalmente exigido (al menos, un 5%) y, por ende, ninguna expectativa pudo verse frustrada en tal situación.

En consecuencia, si el contribuyente, con anterioridad a 1 de enero de 2021, adquirió una participación en el capital o en los fondos propios de otra entidad representativa de, al menos un 5%, y con posterioridad a dicha fecha, la referida inversión representase un porcentaje de participación inferior al 5%, los dividendos o participaciones en beneficios, así como las plusvalías derivadas de la transmisión de dicha participación, obtenidos en los períodos impositivos iniciados a partir de 1 de enero de 2021, no podrán gozar de la exención prevista en el artículo 21 de la LIS en la medida en que habría dejado de cumplirse el requisito de participación previsto en el artículo 21.1 a) de la LIS, y ello aun cuando el valor de adquisición de la referida participación fuese superior a 20 millones de euros».

Caso práctico | ¿Cabe la exención en IS para evitar la doble imposición por la retribución de un préstamo participativo entre sociedades del grupo?

PLANTEAMIENTO

Las entidades «F1» y «F2» forman parte del mismo grupo en el sentido del artículo 42 del Código de Comercio, del que es sociedad dominante la entidad «D». Ambas son residentes en territorio español.

En el año 2017, la sociedad «F1» necesitaba financiación para un proyecto empresarial relacionado con su actividad y suscribió un contrato de préstamo participativo con la dominante del grupo, «D». Dicho préstamo devenga un determinado interés variable anual en función de la actividad de la entidad prestataria, cuya liquidación se realiza en un pago único, y reúne las características que especifica el artículo 20 del Real Decreto-Ley 7/1996, de 7 de junio.

¿La retribución del préstamo participativo que la sociedad «D» percibe de «F1» puede gozar de exención en el IS para evitar la doble imposición? Es decir, ¿podrá quedar exenta al amparo del artículo 21 de la LIS, como si de un dividendo se tratase?

RESPUESTA

Como la entidad prestamista y la prestataria son residentes en territorio español y forman parte del mismo grupo de sociedades según los criterios del artículo 42 del Código de Comercio, con independencia de la residencia y de la obligación de formular cuentas anuales consolidadas, las retribuciones percibidas por la prestamista como consecuencia del préstamo participativo tendrán la consideración de dividendos o participaciones en beneficios a tenor del apartado 2.2.° del artículo 21 de la LIS. No en vano, la retribución del préstamo participativo no será gasto deducible para la entidad prestataria [letra a) del artículo 15 de la LIS].

El artículo 21 de la LIS regula la exención por dividendos o participaciones en beneficios de entidades y, por lo que aquí interesa, señala lo siguiente:

> «1. Estarán exentos los dividendos o participaciones en beneficios de entidades, cuando se cumplan los siguientes requisitos:
> (...)
> 2. 1.° Tendrán la consideración de dividendos o participaciones en beneficios, los derivados de los valores representativos del capital o de los fondos propios de entidades, con independencia de su consideración contable.
> 2.° Tendrán la consideración de dividendos o participaciones en beneficios exentos las **retribuciones correspondientes a préstamos participativos otorgados por entidades que formen parte del mismo grupo de sociedades** según los criterios establecidos en el artículo 42 del Código de Comercio, con independencia de la residencia y de la obligación de formular cuentas anuales consolidadas, **salvo que generen un gasto fiscalmente deducible en la entidad pagadora**.

LAS EXENCIONES PARA EVITAR LA DOBLE IMPOSICIÓN EN EL IMPUESTO SOBRE SOCIEDADES

3.º La exención prevista en el apartado 1 de este artículo no resultará de aplicación en relación con los dividendos o participaciones en beneficios recibidos cuyo importe deba ser objeto de entrega a otra entidad con ocasión de un contrato que verse sobre los valores de los que aquellos proceden, registrando un gasto al efecto.

La entidad receptora de dicho importe en virtud del referido contrato podrá aplicar la exención prevista en el referido apartado 1 en la medida en que se cumplan los siguientes requisitos:

a) Que conserve el registro contable de dichos valores.

b) Que pruebe que el dividendo ha sido percibido por la otra entidad contratante o una entidad perteneciente al mismo grupo de sociedades de cualquiera de las dos entidades, en los términos establecidos en el artículo 42 del Código de Comercio.

c) Que se cumplan las condiciones establecidas en el apartado anterior para la aplicación de la exención.

(...)».

Asimismo, conviene tener en cuenta que el artículo 15 de la LIS se refiere a los gastos no deducibles en el IS y en su letra a) se refiere a los siguientes:

«**No tendrán la consideración de gastos fiscalmente deducibles**:

a) Los que representen una retribución de los fondos propios.

A los efectos de lo previsto en esta Ley, tendrá la consideración de retribución de fondos propios, la correspondiente a los valores representativos del capital o de los fondos propios de entidades, con independencia de su consideración contable.

Asimismo, tendrán la consideración de retribución de fondos propios la correspondiente a los **préstamos participativos otorgados por entidades que formen parte del mismo grupo de sociedades según los criterios establecidos en el artículo 42 del Código de Comercio, con independencia de la residencia y de la obligación de formular cuentas anuales consolidadas**».

Por lo tanto, dado que la entidad prestamista y la prestataria son residentes en territorio español y **forman parte del mismo grupo** de sociedades según los criterios establecidos en el artículo 42 del Código de Comercio, con independencia de la residencia y de la obligación de formular cuentas anuales consolidadas, las retribuciones percibidas por la prestamista como consecuencia del préstamo participativo tendrán la consideración de **dividendos o participaciones en beneficios a tenor del apartado 2.2.º del artículo 21 de la LIS, salvo que generen un gasto fiscalmente deducible en la entidad pagadora**.

Y, en ese sentido, según la letra a) del artículo 15 de la LIS, la retribución de los préstamos participativos tiene la consideración de retribución a los fondos propios a sus efectos y **no será gasto deducible para la entidad prestataria**. Así, la consulta vinculante de la DGT (V0048-25), de 22 de enero de 2025, señala:

«(...) de conformidad con el artículo 15 a) de la LIS, la retribución de los préstamos participativos tendrá la consideración de retribución a los fondos propios y, por tanto, no tendrá la consideración de gasto fiscalmente deducible para la entidad prestataria Y, aun cuando conste registrada como gasto financiero en la cuenta de pérdidas y ganancias del ejercicio. En consecuencia, procederá practicar el ajuste positivo correspondiente al resultado contable por el importe del gasto contable, siendo este ajuste de carácter permanente, dado que no revertirá en períodos impositivos posteriores. La no deducibilidad de dicho gasto afecta a la totalidad del gasto financiero derivado del préstamo participativo, es decir, tanto a la parte variable como, en su caso, a la parte fija de interés que se hubiere pactado».

Caso práctico | Retenciones en el IS en caso de reparto de dividendos y exención para evitar la doble imposición

PLANTEAMIENTO

Una sociedad «A» posee el 100 % del capital social de otra entidad. Ambas residen en territorio español.

Se cumplen los requisitos para aplicar la exención por doble imposición de dividendos conforme al artículo 21 de la LIS.

¿Los dividendos que la participada reparta a la sociedad «A» llevarán un 19 % de retención a cuenta del IS o no?

RESPUESTA

No se practicará retención respecto de los dividendos o participaciones en beneficios a los que se refiere el apartado 1 del artículo 21 de la LIS, que regula la exención en IS para evitar la doble imposición interna de dividendos.

Según se indica en el planteamiento, **partimos de la idea de que se cumplen los requisitos para que los dividendos queden exentos al amparo del artículo 21 de la LIS.** Así las cosas, y por lo que se refiere a la retención, el apartado 4.d) del artículo 128 de la LIS señala lo siguiente:

> «4. Reglamentariamente se establecerán los supuestos en los que no existirá retención. En particular, **no se practicará retención** en:
> (...)
> d) Los dividendos o participaciones en beneficios a que se refiere el apartado 1 del artículo 21 de esta Ley».

En el mismo sentido, el artículo 61 del RIS establece que no existirá obligación de retener ni de ingresar a cuenta respecto de los dividendos o participaciones en beneficios a que se refiere el apartado 1 del artículo 21 de la LIS [letra p)]. A estos efectos, la entidad perceptora deberá comunicar a la entidad obligada a retener que concurren los requisitos establecidos en el citado artículo. La comunicación contendrá, además de los datos de identificación del perceptor, los documentos que justifiquen el cumplimiento de los referidos requisitos.

A su vez, según la letra a) del artículo 66 del RIS:

> «El porcentaje de retención o ingreso a cuenta será el siguiente:
> a) Con carácter general, el 19 por ciento. Cuando se trate de rentas procedentes del arrendamiento o subarrendamiento de inmuebles urbanos situados en Ceuta, Melilla o sus dependencias, obtenidas por entidades domiciliadas en dichos territorios o que operen en ellos mediante establecimiento o sucursal, dicho porcentaje se dividirá por dos».

Por lo tanto, **si se cumplen los requisitos previstos en el artículo 21 de la LIS, no existirá obligación de retener con respecto a los dividendos distribuidos por la entidad.**

Caso práctico | Venta de acciones adquiridas antes de 2021 por más de 20 millones de euros y exención por doble imposición en IS

PLANTEAMIENTO

La sociedad «A», que reside en territorio español y cuyo ejercicio coincide con el año natural, adquirió en 2014 un paquete de acciones de la entidad «XYZ SA». Compró las acciones por 22 millones de euros y, con ellas, obtuvo una participación del 3 % en el capital social de «XYZ SA».

La inversión ha sido siempre muy rentable, pero, por ciertos motivos, «A» quiere vender sus acciones. Sin duda, la operación le reportará una ganancia, pues actualmente el valor de las acciones es superior al de adquisición.

En un principio, «A» tenía pensado vender las acciones a lo largo de 2026, pero un amigo le ha dicho a su administrador que es mejor que las venda ya en 2025, para aprovechar la exención de las plusvalías en el IS. ¿Es eso cierto?

RESPUESTA

En efecto, si realiza la operación en 2025, la plusvalía que obtenga por la venta de las acciones podría quedar exenta al amparo del artículo 21 de la LIS, siempre que concurran los requisitos para la exención, gracias al régimen transitorio establecido en la disposición transitoria cuadragésima de la LIS. Sin embargo, para los períodos impositivos que se inicien a partir de 1 de enero de 2026 la ganancia ya no podría quedar exenta al amparo del artículo 21 de la LIS, dado que el porcentaje de participación en «XYZ SA» es inferior al 5 %.

La exención en IS de las plusvalías por venta de acciones o participaciones en entidades se prevé en el apartado 3 del artículo 21 de la LIS, que se remite al apartado primero en cuanto los requisitos básicos para la exención:

> «1. Estarán exentos los dividendos o participaciones en beneficios de entidades, cuando se cumplan los siguientes requisitos:
> a) Que el porcentaje de participación, directa o indirecta, en el capital o en los fondos propios de la entidad sea, al menos, del 5 por ciento.
> La participación correspondiente se deberá poseer de manera ininterrumpida durante el año anterior al día en que sea exigible el beneficio que se distribuya o, en su defecto, se deberá mantener posteriormente durante el tiempo necesario para completar dicho plazo. Para el cómputo del plazo se tendrá también en cuenta el período en que la participación haya sido poseída ininterrumpidamente por otras entidades que reúnan las circunstancias a que se refiere el artículo 42 del Código de Comercio para formar parte del mismo grupo de sociedades, con independencia de la residencia y de la obligación de formular cuentas anuales consolidadas.
> (...)

3. Estará **exenta la renta positiva obtenida en la transmisión de la participación en una entidad,** cuando se cumplan los requisitos establecidos en el apartado 1 de este artículo. El mismo régimen se aplicará a la renta obtenida en los supuestos de liquidación de la entidad, separación del socio, fusión, escisión total o parcial, reducción de capital, aportación no dineraria o cesión global de activo y pasivo.

El requisito previsto en la letra a) del apartado 1 de este artículo deberá cumplirse el día en que se produzca la transmisión. El requisito previsto en la letra b) del apartado 1 deberá ser cumplido en todos y cada uno de los ejercicios de tenencia de la participación.

(...)

La parte de la renta que no tenga derecho a la exención en los términos señalados en este apartado se integrará en la base imponible, teniendo derecho a la deducción establecida en el artículo 31 de esta Ley, en caso de proceder su aplicación, siempre que se cumplan los requisitos necesarios para ello. No obstante, a los efectos de lo establecido en la letra a) del apartado 1 del citado artículo, se tomará exclusivamente el importe efectivo de lo satisfecho en el extranjero por razón de gravamen de naturaleza idéntica o análoga a este Impuesto, por la parte que proporcionalmente se corresponda con la renta que no tenga derecho a la exención correspondiente a aquellos ejercicios o entidades respecto de los que no se haya cumplido el requisito establecido en la letra b) del apartado 1 de este artículo, en relación con la renta total obtenida en la transmisión de la participación

(...)

10. El importe de los dividendos o participaciones en beneficios de entidades y el importe de la renta positiva obtenida en la transmisión de la participación en una entidad y en el resto de supuestos a que se refiere el apartado 3 anterior, a los que resulte de aplicación la exención prevista en este artículo, se reducirá, a efectos de la aplicación de dicha exención, en un 5 por ciento en concepto de gastos de gestión referidos a dichas participaciones.

(...)».

La redacción de este precepto es **fruto de la reforma realizada en el mismo por parte de la Ley 11/2020, de 30 de diciembre, con efectos para los períodos impositivos iniciados a partir del 1 de enero de 2021.** Desde entonces, el primer requisito para la exención consiste en que el contribuyente tenga un porcentaje de participación, directa o indirecta, en el capital o en los fondos propios de la entidad de, al menos, del 5 %. Con carácter previo, lo que se exigía era que «el porcentaje de participación, directa o indirecta, en el capital o en los fondos propios de la entidad sea, al menos, del 5 por ciento o bien que el valor de adquisición de la participación sea superior a 20 millones de euros».

Así las cosas, esa misma norma introdujo un régimen transitorio en la disposición transitoria cuadragésima de la LIS, que permite que las **participaciones adquiridas en los períodos impositivos iniciados con anterioridad al 1 de enero de 2021, que tuvieran un valor de adquisición superior a 20 millones de euros sin alcanzar el porcentaje** establecido en el primer párrafo de la letra a) del apartado 1 del artículo 21 de la LIS, **apliquen la exención,** siempre que cumplan el resto de los requisitos exigidos en el artículo 21 de la LIS durante los **períodos impositivos que se inicien dentro de los años 2021, 2022, 2023, 2024 y 2025.**

En el supuesto planteado, la sociedad «A» adquirió acciones que suponen una participación del 3 % en el capital social de «XYZ SA» con anterioridad al 1 de enero de 2021 y por un valor superior a 20 millones de euros, por lo que podría beneficiarse de dicho régimen transitorio. Es decir, la plusvalía que obtenga por la venta de las acciones podría quedar exenta al amparo del artículo 21 de la LIS, siempre que concurran los requisitos necesarios para la exención. Ahora bien, solo podrá beneficiarse de dicho régimen durante el período transitorio establecido en la disposición, que termina en 2025. **Para los períodos impositivos iniciados a partir de 1 de enero de 2026 ya no podría aplicar la exención, dado que su porcentaje de participación en «XYZ SA» es inferior al 5 %** que actualmente requiere el artículo 21 de la LIS.

Caso práctico | ¿Cabe la exención en IS de la ganancia por venta de acciones si se poseían desde hacía menos de un año?

PLANTEAMIENTO

La sociedad «Z» es una matriz que participa en tres filiales («Z1», «Z2» y «Z3»). La matriz ostenta el 100 % de las acciones de la filial «Z3», adquiridas ocho meses atrás a través de una operación no acogida al régimen de diferimiento fiscal del capítulo VII del título VII de la LIS. Todas ellas son residentes en territorio español.

Como consecuencia de ciertos imprevistos, «Z» quiere vender las acciones que tiene en la sociedad «Z3» y espera obtener una suculenta ganancia con ello.

¿La ganancia que le genere la transmisión de las acciones podría quedar exenta al amparo del artículo 21 de la LIS?

RESPUESTA

Dado que no se cumple el requisito temporal, que exige un período mínimo de tenencia de la participación y que según el artículo 21.3 de la LIS debe cumplirse el día en el que se produzca la transmisión de las participaciones, parece que no cabría la exención.

La exención en el IS de las rentas obtenidas como consecuencia de la transmisión de acciones o participaciones en el capital de una entidad se regula en el artículo 21 de la LIS y sus requisitos básicos de aplicación cuando la participada es residente en territorio español son los siguientes:

«1. Estarán exentos los dividendos o participaciones en beneficios de entidades, cuando se cumplan los siguientes requisitos:

a) Que el porcentaje de participación, directa o indirecta, en el capital o en los fondos propios de la entidad sea, al menos, del 5 por ciento.

La participación correspondiente se deberá poseer de manera ininterrumpida durante el año anterior al día en que sea exigible el beneficio que se distribuya o, en su defecto, se deberá mantener posteriormente durante el tiempo necesario para completar dicho plazo. Para el cómputo del plazo se tendrá también en cuenta el período en que la participación haya sido poseída ininterrumpidamente por otras entidades que reúnan las circunstancias a que se refiere el artículo 42 del Código de Comercio para formar parte del mismo grupo de sociedades, con independencia de la residencia y de la obligación de formular cuentas anuales consolidadas.

En el supuesto de que la entidad participada obtenga dividendos, participaciones en beneficios o rentas derivadas de la transmisión de valores representativos del capital o de los fondos propios de entidades en más del 70 por ciento de sus ingresos, la aplicación de esta exención respecto de dichas rentas requerirá que el contribuyente tenga una participación indirecta en esas entidades que cumpla los requisitos señalados en esta letra. El referido porcentaje de ingresos se calculará sobre el resultado consolidado del ejercicio, en el caso de que la entidad directamente participada sea dominante de un grupo según los criterios establecidos en el artículo 42 del Código de Comercio, y formule cuentas anuales consolidadas. No obstante, la participación indirecta en filiales de segundo o ulterior nivel deberá respetar el porcentaje mínimo del 5 por ciento, salvo que dichas filiales reúnan las circunstancias a que se refiere el artículo 42 del Código de Comercio para formar parte del mismo grupo de sociedades con la entidad directamente participada y formulen estados contables consolidados.

El requisito exigido en el párrafo anterior no resultará de aplicación cuando el contribuyente acredite que los dividendos o participaciones en beneficios percibidos se han integrado en la base imponible de la entidad directa o indirectamente participada como dividendos, participaciones en beneficios o rentas derivadas de la transmisión de valores representativos del capital o de los fondos propios de entidades sin tener derecho a la aplicación de un régimen de exención o de deducción por doble imposición.

(...)

En el supuesto de que la entidad participada, residente o no residente en territorio español, obtenga dividendos, participaciones en beneficios o rentas derivadas de la transmisión de valores representativos del capital o de los fondos propios de entidades procedentes de dos o más entidades respecto de las que solo en alguna o algunas de ellas se cumplan los requisitos señalados en las letras a) o a) y b) anteriores, la aplicación de la exención se referirá a aquella parte de los dividendos o participaciones en beneficios recibidos por el contribuyente respecto de entidades en las que se cumplan los citados requisitos.

No se aplicará la exención prevista en este apartado, respecto del importe de aquellos dividendos o participaciones en beneficios cuya distribución genere un gasto fiscalmente deducible en la entidad pagadora.

Para la aplicación de este artículo, en el caso de distribución de reservas se atenderá a la designación contenida en el acuerdo social y, en su defecto, se considerarán aplicadas las últimas cantidades abonadas a dichas reservas.

(...)

3. Estará exenta la renta positiva obtenida en la transmisión de la participación en una entidad, cuando se cumplan los requisitos establecidos en el apartado 1 de este artículo. El mismo régimen se aplicará a la renta obtenida en los supuestos de liquidación de la entidad, separación del socio, fusión, escisión total o parcial, reducción de capital, aportación no dineraria o cesión global de activo y pasivo.

El requisito previsto en la letra a) del apartado 1 de este artículo deberá cumplirse el día en que se produzca la transmisión. (...)

(...)

En el caso de transmisión de la participación en el capital o en los fondos propios de una entidad residente o no residente en territorio español que, a su vez, participara en dos o más entidades respecto de las que sólo en alguna o algunas de ellas se cumplieran los requisitos previstos en las letras a) o b) del apartado 1, la exención prevista en este apartado se aplicará de acuerdo con las siguientes reglas:

1.º Respecto de aquella parte de la renta que se corresponda con un incremento neto de beneficios no distribuidos generados por las entidades indirectamente participadas durante el tiempo de tenencia de la participación, se considerará exenta aquella parte de la renta que se corresponda con los beneficios generados por las entidades en las que se cumpla el requisito establecido en la letra b) del apartado 1.

2.º Respecto de aquella parte de la renta que no se corresponda con un incremento neto de beneficios no distribuidos generados por las entidades indirectamente participadas durante el tiempo de tenencia de la participación, se considerará exenta aquella parte que proporcionalmente sea atribuible a las entidades en que se haya cumplido el requisito establecido en la letra b) del apartado 1.

La parte de la renta que no tenga derecho a la exención en los términos señalados en este apartado se integrará en la base imponible, teniendo derecho a la deducción establecida en el artículo 31 de esta Ley, en caso de proceder su aplicación, siempre que se cumplan los requisitos necesarios para ello. No obstante, a los efectos de lo establecido en la letra a) del apartado 1 del citado artículo, se tomará exclusivamente el importe efectivo de lo satisfecho en el extranjero por razón de gravamen de naturaleza idéntica o análoga a este Impuesto, por la parte que proporcionalmente se corresponda con la renta que no tenga derecho a la exención correspondiente a aquellos ejercicios o entidades respecto de los que no se haya cumplido el requisito establecido en la letra b) del apartado 1 de este artículo, en relación con la renta total obtenida en la transmisión de la participación.

(...)».

> **A TENER EN CUENTA.** El cumplimiento de los requisitos previstos en el artículo 21 de la LIS es una cuestión de hecho, que deberá ser acreditada por cualquier medio de prueba admisible en derecho ante los órganos competentes en materia de comprobación de la Administración tributaria.

Por lo tanto, la exención en el IS de las plusvalías por venta de acciones o participaciones en entidades se condiciona a los requisitos establecidos en el apartado 1 del artículo 21 de la LIS, que se aplicarán en los términos que indica el apartado 3. En concreto, y por lo que aquí interesa, este último apartado señala expresamente que «el requisito previsto en la letra a) del apartado 1 de este artículo deberá cumplirse el día en que se produzca la transmisión».

El requisito de porcentaje de participación significativo (de, al menos, el 5 %) se cumpliría el día de la transmisión, pues la participación de «Z» en «Z3» es del 100 %. Sin embargo, parece que no ocurriría lo mismo con el requisito temporal, que exige un período mínimo de tenencia de la participación de un año ininterrumpido, que también tendría que cumplirse el día en el que se produzca la transmisión. No en vano, en el planteamiento se indica expresamente que las participaciones que van a venderse se adquirieron ocho meses antes. Además, incluso se precisa que no se aplicó el régimen FEAC, regulado en el capítulo VII del título VII de la LIS, a la operación en virtud de la cual se adquirieron dichas participaciones en su día, de forma que no cabría considerar el tiempo de tenencia del anterior titular en base el artículo 80 de la LIS, como se hizo, por ejemplo, en la consulta vinculante de la DGT (V2292-24), de 30 de octubre de 2024.

En consecuencia, parece que no cabría la exención, por no cumplirse los requisitos a los que se condiciona.

Caso práctico | Tributación efectiva en el IS de la plusvalía por venta de participaciones en otra entidad aplicando la exención del art. 21.3 de la LIS

PLANTEAMIENTO

En 2025, una sociedad obtiene una plusvalía de 18.000 euros por la venta de sus participaciones en otra entidad. Se cumplen todos los requisitos para aplicar la exención del apartado 3 del artículo 21 de la LIS, dirigida a evitar la doble imposición.

La sociedad que vende las participaciones tributa al tipo general del IS, del 25 %.

¿Cuál será la tributación efectiva en el IS de las rentas positivas que obtiene la transmitente por la venta de las participaciones?

RESPUESTA

Para conocer la tributación efectiva de las rentas positivas obtenidas en la transmisión de las participaciones, como primer paso habrá que tener en cuenta que, a los efectos de aplicar la exención del apartado 3 del artículo 21 de la LIS, el importe de dichas rentas positivas se reducirá en un 5 % en concepto de gastos de gestión referidos a las participaciones.

Partimos de la base de que efectivamente se cumplen los requisitos para aplicar la exención prevista en el apartado 3 del artículo 21 de la LIS (cosa que deberá ser acreditada por cualquier medio de prueba admisible en derecho ante los órganos competentes en materia de comprobación de la Administración tributaria). Por lo tanto, el alcance de la exención será el que se desprende de los apartados 10 y 11 del mismo precepto, a cuyo tenor:

> «10. El importe de los dividendos o participaciones en beneficios de entidades y el importe de la renta positiva obtenida en la transmisión de la participación en una entidad y en el resto de supuestos a que se refiere el apartado 3 anterior, a los que resulte de aplicación la exención prevista en este artículo, **se reducirá, a efectos de la aplicación de dicha exención, en un 5 por ciento en concepto de gastos de gestión** referidos a dichas participaciones.
>
> 11. La reducción aplicable a dividendos o participaciones en beneficios de entidades a que se refiere el apartado anterior no será de aplicación cuando concurran las siguientes circunstancias:
>
> a) los dividendos o participaciones en beneficios sean percibidos por una entidad cuyo importe neto de la cifra de negocios habida en el período impositivo inmediato anterior sea inferior a 40 millones de euros.
>
> A efectos de determinar el importe neto de la cifra de negocios será de aplicación lo dispuesto en el apartado 2 del artículo 101 de esta Ley.
>
> La entidad a que se refiere esta letra deberá cumplir los siguientes requisitos:
>
> i) no tener la consideración de entidad patrimonial en los términos establecidos en el apartado 2 del artículo 5 de esta Ley;

ii) no formar parte, con carácter previo a la constitución de la entidad a que se refiere la letra b) de este apartado, de un grupo de sociedades en el sentido del artículo 42 del Código de Comercio, con independencia de la residencia y de la obligación de formular cuentas anuales consolidadas;

iii) no tener, con carácter previo a la constitución de la entidad a que se refiere la letra b) de este apartado, un porcentaje de participación, directa o indirecta, en el capital o en los fondos propios de otra entidad igual o superior al 5 por ciento

b) los dividendos o participaciones en beneficios procedan de una entidad constituida con posterioridad al 1 de enero de 2021 en la que se ostente, de forma directa y desde su constitución, la totalidad del capital o los fondos propios.

c) los dividendos o participaciones en beneficios se perciban en los períodos impositivos que concluyan en los 3 años inmediatos y sucesivos al año de constitución de la entidad que los distribuya».

En este caso, como las rentas proceden de la transmisión de las participaciones en otra entidad, y no de dividendos o participaciones en beneficios de entidades, habrá que aplicar la reducción del 5 % por gastos de gestión. Por lo tanto, el cálculo sería el siguiente:

- Renta positiva obtenida por la venta de las participaciones: 18.000 euros.

- Importe sobre el que puede aplicarse la exención del artículo 21 de la LIS:

  18.000 euros - gastos de gestión de las participaciones (que la ley fija en un 5 %)

  18.000 euros - (5 % de 18.000 euros) = 15.000 - 900 euros = 17.100 euros.

En consecuencia:

- Los **17.100 euros quedarían exentos** del IS.

- Los **900 euros estarían sometidos a tributación**. Como la sociedad perceptora aplica el tipo general del IS, del 25 %, puede decirse que su tributación efectiva por las rentas positivas que obtiene con la venta de las participaciones sería de 900 x 25 % = 225 euros.

Caso práctico | Exención en IS de la plusvalía generada por venta de participaciones que habían sido adquiridas a través de un canje de valores

PLANTEAMIENTO

La sociedad «A» es la matriz de un grupo, que participa en varias filiales, que no participan en otras entidades y residen en territorio español. La sociedad «A» adquirió las participaciones en una de sus filiales (la sociedad «B») a través de una operación de canje de valores realizada en septiembre de 2021, por la que se aplicó el régimen de neutralidad fiscal del capítulo VII del título VII de la LIS. Con el canje de valores, los dos socios personas físicas originarios, contribuyentes por el IRPF, aportaron a la sociedad «A» las participaciones que tenían en «B», recibiendo a cambio participaciones en el capital de «A».

La matriz va a vender su participación del 100 % en la sociedad «B» en 2025 y quiere aplicar a la plusvalía que se le genere la exención prevista en el apartado 3 del artículo 21 de la LIS.

Partiendo de la base de que en efecto se cumplen los requisitos para la exención, ¿resultaría de aplicación la especialidad prevista en el apartado 4 del artículo 21 de la LIS?

RESPUESTA

Como la venta de las participaciones va a realizarse cuando ya han pasado más de dos años desde el canje de valores parece que no sería de aplicación la especialidad contenida en el apartado 4.b) del artículo 21 de la LIS.

Como indica el planteamiento, presuponemos que se cumplen los distintos requisitos a los que el artículo 21 de la LIS condiciona la exención de las rentas positivas obtenidas por la transmisión de la participación en una entidad y nos referiremos únicamente a las especialidades previstas en el apartado 4 del precepto, a cuyo tenor:

> «4. En los siguientes supuestos, la aplicación de la exención prevista en el apartado anterior tendrá las especialidades que se indican a continuación:
> a) Cuando la participación en la entidad hubiera sido valorada conforme a las reglas del régimen especial del Capítulo VII del Título VII de esta Ley y la aplicación de dichas reglas hubiera determinado la no integración de rentas en la base imponible de este Impuesto, o del Impuesto sobre la Renta de no Residentes, derivadas de:
> 1.ª La aportación de la participación en una entidad que no cumpla el requisito de la letra a) o, total o parcialmente al menos en algún ejercicio, el requisito a que se refiere la letra b) del apartado 1 de este artículo.

2.ª La aportación no dineraria de otros elementos patrimoniales distintos a las participaciones en el capital o fondos propios de entidades.

En este supuesto, la exención no se aplicará sobre la renta diferida en la entidad transmitente como consecuencia de la operación de aportación, salvo que se acredite que la entidad adquirente ha integrado esa renta en su base imponible.

b) **Cuando la participación en la entidad hubiera sido valorada conforme a las reglas del régimen especial del Capítulo VII del Título VII de esta Ley y la aplicación de dichas reglas hubiera determinado la no integración de rentas en la base imponible del Impuesto sobre la Renta de las Personas Físicas, derivadas de la aportación de participaciones en entidades.**

En este supuesto, cuando las **referidas participaciones sean objeto de transmisión en los dos años posteriores a la fecha en que se realizó la operación de aportación, la exención no se aplicará sobre la diferencia positiva entre el valor fiscal de las participaciones recibidas por la entidad adquirente y el valor de mercado en el momento de su adquisición, salvo que se acredite que las personas físicas han transmitido su participación en la entidad durante el referido plazo**».

La sociedad matriz adquirió las participaciones en «B» a través de un canje de valores realizado por los socios personas físicas originarios, al que le resultó de aplicación el régimen de diferimiento fiscal del capítulo VII del título VII de la LIS. Por lo tanto y en principio, parece que habría que tener en cuenta la especialidad prevista en el apartado 4 del artículo 21 de la LIS.

Sin embargo, en el supuesto planteado la transmisión de las participaciones pretende realizarse cuando ya han transcurrido más de dos años desde la aportación de las participaciones por los socios personas físicas, así que la especialidad de la letra b) no resultaría de aplicación (el canje de valores se hizo en septiembre de 2021 y la venta de las participaciones va a efectuarse en 2025). Así lo concluyó también la Dirección General de Tributos en un supuesto similar, a través de su consulta vinculante (V2292-24), de 30 de octubre de 2024.

Caso práctico | Exención de la plusvalía por venta de participaciones en el IS cuando la participada tenga la consideración de entidad patrimonial

PLANTEAMIENTO

La sociedad «Y» participa en un 60 % en el capital social de la entidad «PX» desde que esta última se constituyó, en el año 2008. Ambas sociedades son residentes en territorio español.

Desde su constitución, la sociedad «PX» ha tenido la consideración de entidad patrimonial conforme al apartado 2 del artículo de la LIS en algunos ejercicios, pero en la actualidad no tiene tal carácter. Por otro lado, no obtiene dividendos, participaciones en beneficios o rentas derivadas de la transmisión de valores representativos del capital o de los fondos propios de entidades en más del 70 % de sus ingresos.

«Y» quiere vender a un tercero su participación en «PX» y espera obtener con ello una renta positiva. ¿Dicha plusvalía podrá quedar exenta del IS en los términos del artículo 21 de la LIS?

RESPUESTA

Dado que la sociedad «PX» tuvo la consideración de entidad patrimonial en algunos de los períodos impositivos de tenencia de la participación, la exención del artículo 21.3 de la LIS solo podrá aplicarse a determinada parte de las rentas, conforme a lo señalado en el apartado 5 del precepto, siempre que se cumplan los requisitos necesarios para la exención.

El artículo 21 de la LIS declara exentas las rentas positivas que se obtengan por la transmisión de la participación en una entidad, siempre que se cumplan determinados requisitos. En ese sentido, y por lo que aquí nos interesa:

«1. Estarán exentos los dividendos o participaciones en beneficios de entidades, cuando se cumplan los siguientes requisitos:
a) Que el porcentaje de participación, directa o indirecta, en el capital o en los fondos propios de la entidad sea, al menos, del 5 por ciento.
La participación correspondiente se deberá poseer de manera ininterrumpida durante el año anterior al día en que sea exigible el beneficio que se distribuya o, en su defecto, se deberá mantener posteriormente durante el tiempo necesario para completar dicho plazo. Para el cómputo del plazo se tendrá también en cuenta el período en que la participación haya sido poseída ininterrumpidamente por otras entidades que reúnan las circunstancias a que se refiere el artículo 42 del Código de Comercio para formar parte del mismo grupo de sociedades, con independencia de la residencia y de la obligación de formular cuentas anuales consolidadas.
En el supuesto de que la entidad participada obtenga dividendos, participaciones en beneficios o rentas derivadas de la transmisión de valores representativos del capital o de los fondos propios de entidades en más del 70 por

ciento de sus ingresos, la aplicación de esta exención respecto de dichas rentas requerirá que el contribuyente tenga una participación indirecta en esas entidades que cumpla los requisitos señalados en esta letra. (...)

(...)

b) Adicionalmente, en el caso de participaciones en el capital o en los fondos propios de entidades no residentes en territorio español, que la entidad participada haya estado sujeta y no exenta por un impuesto extranjero de naturaleza idéntica o análoga a este Impuesto a un tipo nominal de, al menos, el 10 por ciento en el ejercicio en que se hayan obtenido los beneficios que se reparten o en los que se participa, con independencia de la aplicación de algún tipo de exención, bonificación, reducción o deducción sobre aquellos.

(...)

3. **Estará exenta la renta positiva obtenida en la transmisión de la participación en una entidad, cuando se cumplan los requisitos establecidos en el apartado 1 de este artículo.** (...)

El requisito previsto en la letra a) del apartado 1 de este artículo deberá cumplirse el día en que se produzca la transmisión. El requisito previsto en la letra b) del apartado 1 deberá ser cumplido en todos y cada uno de los ejercicios de tenencia de la participación.

(...)

La parte de la renta que no tenga derecho a la exención en los términos señalados en este apartado se integrará en la base imponible, teniendo derecho a la deducción establecida en el artículo 31 de esta Ley, en caso de proceder su aplicación, siempre que se cumplan los requisitos necesarios para ello. No obstante, a los efectos de lo establecido en la letra a) del apartado 1 del citado artículo, se tomará exclusivamente el importe efectivo de lo satisfecho en el extranjero por razón de gravamen de naturaleza idéntica o análoga a este Impuesto, por la parte que proporcionalmente se corresponda con la renta que no tenga derecho a la exención correspondiente a aquellos ejercicios o entidades respecto de los que no se haya cumplido el requisito establecido en la letra b) del apartado 1 de este artículo, en relación con la renta total obtenida en la transmisión de la participación

4. (...)

5. **No se aplicará la exención prevista en el apartado 3 de este artículo:**

a) **A aquella parte de las rentas derivadas de la transmisión de la participación, directa o indirecta, en una entidad que tenga la consideración de entidad patrimonial**, en los términos establecidos en el apartado 2 del artículo 5 de esta Ley, **que no se corresponda con un incremento de beneficios no distribuidos generados por la entidad participada durante el tiempo de tenencia de la participación.**

(...)

Cuando las circunstancias señaladas en las letras a) o c) de este apartado se cumplan solo en alguno o algunos de los períodos impositivos de tenencia de la participación, no se aplicará la exención respecto de aquella parte de las rentas a que se refieren dichas letras que proporcionalmente se corresponda con aquellos períodos impositivos.

(..)

10. El importe de los dividendos o participaciones en beneficios de entidades y el importe de la renta positiva obtenida en la transmisión de la participación en una entidad y en el resto de supuestos a que se refiere el apartado 3 anterior, a los que resulte de aplicación la exención prevista en este artículo, se reducirá, a efectos de la aplicación de dicha exención, en un 5 por ciento en concepto de gastos de gestión referidos a dichas participaciones.

(...)».

> **A TENER EN CUENTA.** El cumplimiento de los requisitos previstos en el artículo 21 de la LIS es una cuestión de hecho, que deberá ser acreditada por cualquier medio de prueba admisible en derecho ante los órganos competentes en materia de comprobación de la Administración tributaria.

Entendiendo que se cumplen los requisitos de porcentaje y período mínimo de tenencia de la participación, y que no entrarían en juego el de participación indirecta en filiales de segundo o ulterior nivel ni el de tributación mínima de la letra b) del primer apartado, y que tampoco se trata de ninguno de los supuestos en los que no cabe la exención, a priori parece que se cumplirían los requisitos para aplicar la exención del apartado 3 del artículo 21 de la LIS.

Sin embargo, **como se indica que la sociedad participada tuvo la condición de entidad patrimonial en algunos de los ejercicios de tenencia** de la participación, debe tenerse en cuenta lo establecido en el apartado 5 del precepto, antes reproducido. En consecuencia, **la exención del artículo 21.3 de la LIS se aplicará solamente, siempre y cuando se cumplan el resto de los requisitos** establecidos en el precepto [consulta vinculante de la DGT (V2292-24), de 30 de octubre de 2024]:

- Respecto de aquella **parte de la renta obtenida por la sociedad transmitente derivada de la transmisión de la participación en «PX» que se corresponda con un incremento de beneficios no distribuidos generados por «PX» durante el tiempo de tenencia** de la participación.

- Y sobre aquella **parte de la renta que no derive de los beneficios no distribuidos generada por la entidad participada durante los períodos impositivos en que no tuvo la condición de entidad patrimonial.**

Finalmente, también conviene resaltar que el importe de la renta positiva obtenida en la transmisión de las participaciones se reducirá, a efectos de la aplicación de la exención del artículo 21 de la LIS, en un 5 % en concepto de gastos de gestión referidos a dicha participación.

Caso práctico | Tratamiento en IS de la renta negativa obtenida por una sociedad al transmitir su participación en otra entidad

PLANTEAMIENTO

Para saldar su deuda con un tercero, la sociedad mercantil «D» va a transmitirle las participaciones sociales que ostenta en el capital de otra entidad, denominada «M SL». Ambas sociedades residen en territorio español. El porcentaje de participación de la sociedad «D» en «M SL» es del 20 % de su capital social, las participaciones son de su propiedad desde hace casi ocho años y «M SL» no tiene la consideración de entidad *holding* a los efectos del artículo 21.1 de la LIS.

En los últimos años, las participaciones en cuestión han perdido mucho valor, por lo que su transmisión le generará a «D» una renta negativa.

¿La sociedad «D» podrá imputar fiscalmente en su IS la renta negativa que le genera la transmisión de las participaciones sociales?

RESPUESTA

Conforme al apartado 6 del artículo 21 de la LIS, dado que la participación que la sociedad «D» ostenta en la entidad «M SL», cumple los requisitos establecidos en el apartado 3 del mismo precepto, la renta negativa derivada de la transmisión no podrá integrarse en la base imponible de la transmitente.

Según el apartado 3 del artículo 10 de la LIS, en el método de estimación directa, la base imponible se calculará, corrigiendo, mediante la aplicación de los preceptos establecidos en la LIS, el resultado contable determinado de acuerdo con las normas previstas en el Código de Comercio, en las demás leyes relativas a dicha determinación y en las disposiciones que se dicten en su desarrollo.

Por su parte, a tenor del artículo 21 de la LIS (extractado en lo que aquí interesa):

«1. Estarán exentos los dividendos o participaciones en beneficios de entidades, cuando se cumplan los siguientes requisitos:

a) Que el porcentaje de participación, directa o indirecta, en el capital o en los fondos propios de la entidad sea, al menos, del 5 por ciento.

La participación correspondiente se deberá poseer de manera ininterrumpida durante el año anterior al día en que sea exigible el beneficio que se distribuya o, en su defecto, se deberá mantener posteriormente durante el tiempo necesario para completar dicho plazo. Para el cómputo del plazo se tendrá también en cuenta el período en que la participación haya sido poseída ininterrumpidamente por otras entidades que reúnan las circunstancias a que se refiere el artículo 42 del Código de Comercio para formar parte del mismo grupo de sociedades, con independencia de la residencia y de la obligación de formular cuentas anuales consolidadas.

En el supuesto de que la entidad participada obtenga dividendos, participaciones en beneficios o rentas derivadas de la transmisión de valores representativos del capital o de los fondos propios de entidades en más del 70 por ciento de sus ingresos, la aplicación de esta exención respecto de dichas rentas requerirá que el contribuyente tenga una participación indirecta en esas entidades que cumpla los requisitos señalados en esta letra. El referido porcentaje de ingresos se calculará sobre el resultado consolidado del ejercicio, en el caso de que la entidad directamente participada sea dominante de un grupo según los criterios establecidos en el artículo 42 del Código de Comercio, y formule cuentas anuales consolidadas. No obstante, la participación indirecta en filiales de segundo o ulterior nivel deberá respetar el porcentaje mínimo del 5 por ciento, salvo que dichas filiales reúnan las circunstancias a que se refiere el artículo 42 del Código de Comercio para formar parte del mismo grupo de sociedades con la entidad directamente participada y formulen estados contables consolidados.

El requisito exigido en el párrafo anterior no resultará de aplicación cuando el contribuyente acredite que los dividendos o participaciones en beneficios percibidos se han integrado en la base imponible de la entidad directa o indirectamente participada como dividendos, participaciones en beneficios o rentas derivadas de la transmisión de valores representativos del capital o de los fondos propios de entidades sin tener derecho a la aplicación de un régimen de exención o de deducción por doble imposición.

b) Adicionalmente, en el caso de participaciones en el capital o en los fondos propios de entidades no residentes en territorio español, que la entidad participada haya estado sujeta y no exenta por un impuesto extranjero de naturaleza idéntica o análoga a este Impuesto a un tipo nominal de, al menos, el 10 por ciento en el ejercicio en que se hayan obtenido los beneficios que se reparten o en los que se participa, con independencia de la aplicación de algún tipo de exención, bonificación, reducción o deducción sobre aquellos.

A estos efectos, se tendrán en cuenta aquellos tributos extranjeros que hayan tenido por finalidad la imposición de la renta obtenida por la entidad participada, con independencia de que el objeto del tributo lo constituya la renta, los ingresos o cualquier otro elemento indiciario de aquella.

Se considerará cumplido este requisito, cuando la entidad participada sea residente en un país con el que España tenga suscrito un convenio para evitar la doble imposición internacional, que le sea de aplicación y que contenga cláusula de intercambio de información.

En ningún caso se entenderá cumplido este requisito cuando la entidad participada sea residente en un país o territorio calificado como paraíso fiscal, excepto que resida en un Estado miembro de la Unión Europea y el contribuyente acredite que su constitución y operativa responde a motivos económicos válidos y que realiza actividades económicas.

En el supuesto de que la entidad participada no residente obtenga dividendos, participaciones en beneficios o rentas derivadas de la transmisión de valores representativos del capital o de los fondos propios de entidades, la aplicación de esta exención respecto de dichas rentas requerirá que el requisito previsto en esta letra se cumpla, al menos, en la entidad indirectamente participada.

En el supuesto de que la entidad participada, residente o no residente en territorio español, obtenga dividendos, participaciones en beneficios o rentas derivadas de la transmisión de valores representativos del capital o de los fondos propios de entidades procedentes de dos o más entidades respecto de las que solo en alguna o algunas de ellas se cumplan los requisitos señalados en las letras a) o a) y b) anteriores, la aplicación de la exención se referirá a aquella parte de los dividendos o participaciones en beneficios recibidos por el contribuyente respecto de entidades en las que se cumplan los citados requisitos.

No se aplicará la exención prevista en este apartado, respecto del importe de aquellos dividendos o participaciones en beneficios cuya distribución genere un gasto fiscalmente deducible en la entidad pagadora.

Para la aplicación de este artículo, en el caso de distribución de reservas se atenderá a la designación contenida en el acuerdo social y, en su defecto, se considerarán aplicadas las últimas cantidades abonadas a dichas reservas.

(...)

3. **Estará exenta la renta positiva obtenida en la transmisión de la participación en una entidad, cuando se cumplan los requisitos establecidos en el apartado 1 de este artículo.** El mismo régimen se aplicará a la renta obtenida en los supuestos de liquidación de la entidad, separación del socio, fusión, escisión total o parcial, reducción de capital, aportación no dineraria o cesión global de activo y pasivo.

El requisito previsto en la letra a) del apartado 1 de este artículo deberá cumplirse el día en que se produzca la transmisión. El requisito previsto en la letra b) del apartado 1 deberá ser cumplido en todos y cada uno de los ejercicios de tenencia de la participación.

No obstante, en el caso de que el requisito previsto en la letra b) del apartado 1 no se cumpliera en alguno o algunos de los ejercicios de tenencia de la participación, la exención prevista en este apartado se aplicará de acuerdo con las siguientes reglas:

(...)

6. **No se integrarán en la base imponible las rentas negativas derivadas de la transmisión de la participación en una entidad, respecto de la que se de alguna de las siguientes circunstancias:**

a) que **se cumplan los requisitos establecidos en el apartado 3 de este artículo.** No obstante, el requisito relativo al porcentaje de participación se entenderá cumplido cuando el mismo se haya alcanzado en algún momento durante el año anterior al día en que se produzca la transmisión.

b) en caso de participación en el capital o en los fondos propios de entidades no residentes en territorio español, que no se cumpla el requisito establecido en la letra b) del apartado 1 del artículo 21 de esta Ley.

En el supuesto de que los requisitos señalados se cumplan parcialmente, en los términos establecidos en el apartado 3 de este artículo, la aplicación de lo dispuesto en este apartado se realizará de manera parcial.

(...)

8. Serán fiscalmente deducibles las rentas negativas generadas en caso de extinción de la entidad participada, salvo que la misma sea consecuencia de una operación de reestructuración.

En este caso, el importe de las rentas negativas se minorará en el importe de los dividendos o participaciones en beneficios recibidos de la entidad participada en los diez años anteriores a la fecha de la extinción, siempre que los referidos dividendos o participaciones en beneficios no hayan minorado el valor de adquisición y hayan tenido derecho a la aplicación de un régimen de exención o de deducción para la eliminación de la doble imposición, por el importe de la misma».

Según se desprende del planteamiento, **la participación de «D» en la sociedad «M SL» cumple los requisitos establecidos en el apartado 3 del artículo 21 de la LIS** (porcentaje de participación significativo y antigüedad de la participación, pues el resto no entrarían en juego al ser la participada residente en España y no tener la consideración de *holding* a los efectos de este precepto).

Por lo tanto, de acuerdo con lo señalado en el artículo 21.6 de la LIS, **la renta negativa derivada de la transmisión de la participación en la entidad «M SL» no podrá integrarse en la base imponible de la sociedad transmitente.**

Caso práctico | Extinción de dos filiales con pérdidas, ¿la sociedad matriz puede deducirse esas pérdidas en el IS?

PLANTEAMIENTO

La sociedad «A» es titular del 100 % de las participaciones de dos entidades: «A1» y «A2». En 2025, la sociedad «A» va a extinguir ambas filiales a través de su disolución y liquidación. Las tres sociedades son residentes en territorio español.

¿Conforme al artículo 21.8 de la LIS, sería deducible en el IS de la sociedad «A» la eventual pérdida que pudiera ponerse de manifiesto como consecuencia de la extinción de las dos participadas?

RESPUESTA

Al no tratarse de una operación de reestructuración, la renta negativa que pudiera originarse como consecuencia de la extinción de las dos participadas será fiscalmente deducible en la base imponible de la sociedad «A» en el período impositivo en el que tenga lugar la extinción de las participadas a efectos mercantiles (apartado 8 del artículo 21 de la LIS).

Como punto de partida, conviene plantearse en qué momento se considerarán extinguidas las dos sociedades participadas. En ese sentido, tal y como resalta la Dirección General de Tributos en su consulta vinculante (V1436-24), de 14 de junio de 2024, una sociedad española se considera extinguida, a los efectos de la normativa española, en la **fecha en que la escritura pública de extinción se inscribe en el registro mercantil (fecha del asiento de presentación)**. En el mismo sentido, en su previa consulta vinculante (V1981-19), de 31 de julio de 2019, ya resaltaba que «la normativa mercantil establece las diferentes causas de disolución de las sociedades de capital (artículo 363 del TRLSC), produciéndose la extinción de la entidad con el asiento de cancelación en el Registro Mercantil, ya que la sociedad disuelta conserva la personalidad jurídica y, en consecuencia, el periodo impositivo concluirá en la fecha en que se extinga la personalidad jurídica como consecuencia de la finalización del proceso de liquidación». Además, también añadía que «la fecha de la extinción de la sociedad será la fecha en que se inscriba en el Registro Mercantil su extinción y cancelación. Los efectos de la inscripción de estos actos se retrotraen a la fecha del asiento de presentación de la escritura que los documenta, de acuerdo con lo dispuesto en el artículo 55 del Reglamento del Registro Mercantil».

Por lo demás, a tenor del artículo 21 de la LIS (apartados 6 y 8):

> «6. No se integrarán en la base imponible las rentas negativas derivadas de la transmisión de la participación en una entidad, respecto de la que se de alguna de las siguientes circunstancias:
> a) que se cumplan los requisitos establecidos en el apartado 3 de este artículo. No obstante, el requisito relativo al porcentaje de participación se entenderá cumplido cuando el mismo se haya alcanzado en algún momento durante el año anterior al día en que se produzca la transmisión.

b) en caso de participación en el capital o en los fondos propios de entidades no residentes en territorio español, que no se cumpla el requisito establecido en la letra b) del apartado 1 del artículo 21 de esta Ley.

En el supuesto de que los requisitos señalados se cumplan parcialmente, en los términos establecidos en el apartado 3 de este artículo, la aplicación de lo dispuesto en este apartado se realizará de manera parcial.

(...)

8. Serán **fiscalmente deducibles las rentas negativas generadas en caso de extinción de la entidad participada, salvo que la misma sea consecuencia de una operación de reestructuración.**

En este caso, el importe de las rentas negativas se minorará en el importe de los dividendos o participaciones en beneficios recibidos de la entidad participada en los diez años anteriores a la fecha de la extinción, siempre que los referidos dividendos o participaciones en beneficios no hayan minorado el valor de adquisición y hayan tenido derecho a la aplicación de un régimen de exención o de deducción para la eliminación de la doble imposición, por el importe de la misma».

Por lo tanto, a la vista del artículo 21.8 de la LIS, como la disolución y liquidación de las sociedades «A1» y «A2», de conformidad con lo señalado en la normativa mercantil, **no tiene la consideración de operación de reestructuración** a estos efectos, **la renta negativa que pudiera originarse con motivo de su extinción será fiscalmente deducible en la base imponible de la sociedad «A» en el período impositivo en el que tenga lugar la extinción de las participadas a efectos mercantiles.** En su caso, el importe de la renta negativa se minorará en los términos que indica el segundo párrafo del apartado 8 del artículo 21 de la LIS, antes reproducido.

Finalmente, conviene señalar que la renta negativa que se ponga de manifiesto con motivo de la extinción de las participadas vendrá determinada por diferencia entre el valor de mercado de los elementos recibidos y el valor fiscal de la participación anulada, atendiendo a lo dispuesto en el apartado 8 del artículo 17 de la LIS.